聖 經
성 경

筆 寫
필 사

第 三 卷 ㊤
제 삼 권

申命記 19- 34 장
신 명 기

約書亞記 01-24 장
약 서 아 기

士師記 01- 02 장
사 사 기

聖經筆寫協會 著: 柳賢授
성 경 필 사 협 회 저 류 현 수

서 문 (序文)

필사와 필기의 개념을 먼저 생각을 하려고 합니다.

필사는 말 그대로 글자 위에 글씨를 따라 그리는 형태를 말하고 필기는 글을 받아 적거나 글을 보고 백지면 위에 글씨를 쓰는 형태를 말합니다.
이 책은 제목처럼 필사입니다.

처음에는 모방을 하는 듯 하지만 시간이 지나면서 인내심도 깊어지고 악필이라고 하는 난필을 교정하고 오랜 시간이 지나면 자신도 모르는 사이에 자신만의 필체를 만들어가며 생활에서 마음 속 깊이 자부심이 심어지고 인내심과 정신력이 깊이 향상되어 가고 있는 것을 깨닫게 될 것입니다.

혼자서 필사를 하려고 하다가 같이 필사를 해야겠다는 생각을 하고 준비를 했습니다.

도서출판 보혜 드림

三卷㊤目次
삼 권 목 차

申命記 第十九章
신 명 기 제 십 구 장

신 19:1

爾 祆 上 帝 耶 和 華
이 천 상 제 야 화 화

旣 滅 諸 族、
기 멸 제 족

以 地 錫 爾、
이 지 석 이

使 爾 繼 之、
사 이 계 지

居 於 其 邑、
거 어 기 읍

其 室、
기 실

신 19:2

則 當 於 爾 祆 上 帝
칙 당 어 이 천 상 제

耶 和 華 所 賜
야 화 화 소 사

爲 業 之 地、
위 업 지 지

區 別 三 邑、
구 별 삼 읍

신 19:3

以其所賜之地、
이 기 소 사 지 지

分爲三區、
분 위 삼 구

修築道途、
수 축 도 도

俾誤殺人者
비 오 살 인 자

可遁於彼、
가 둔 어 피

신 19:4

誤殺人者遁
오 살 인 자 둔

於彼而得生、
어 피 이 득 생

有定例焉、
유 정 례 언

素無仇怨、
소 무 구 원

而誤殺人、
이 오 살 인

신 19:5

如人結侶
여 인 결 려

入林伐木、
입 림 벌 목

斫時斧脫於柯、
작 시 부 탈 어 가

中侶致死、
중 려 치 사

其人必遁於
기 인 필 둔 어

斯邑而得生、
사 읍 이 득 생

신 19:6

免報復者、
면 보 복 자

心急追之、
심 급 추 지

以路遙遠、
이 로 요 원

及而殺之、
급 이 살 지

然彼與見殺者、
연 피 여 견 살 자

素無仇怨、
소 무 구 원

罪不應死、
죄 불 응 사

신 19:7

故我諭爾
고 아 유 이

區別三邑、
구 별 삼 읍

신 19:89

我今所諭之命、
아 금 소 유 지 명

爾果謹守、
이 과 근 수

愛爾祆上帝
애 이 천 상 제

耶和華、
야 화 화

恆行其道、
긍 행 기 도

蒙爾祆上帝
몽 이 천 상 제

耶和華踐其所
야 화 화 천 기 소

誓爾祖之言、
서 이 조 지 언

恢廓爾境、
회 곽 이 경

以所許賜爾祖
이 소 허 사 이 조

之地錫爾、
지 지 석 이

則必於三邑之外、
칙 필 어 삼 읍 지 외

別設三邑、
별 설 삼 읍

신19:10

免無辜之血、
면 무 고 지 혈

流於爾祆上帝
유 어 이 천 상 제

耶和華所賜
야 화 화 소 사

爲業之地、
위 업 지 지

流血之罪歸爾、
유 혈 지 죄 귀 이

신19:11

如人憾其鄰里、
여 인 감 기 린 리

伏而擊之致死、
복 이 격 지 치 사

逃於斯邑之一、
도 어 사 읍 지 일

신19:12

其邑之長老、
기 읍 지 장 로

必遣人執之、
필 견 인 집 지

付於報復者之手、
부 어 보 복 자 지 수

而致之死、
이 치 지 사

신 19:13

爾勿惜之、
이 물 석 지

必除無辜之血
필 제 무 고 지 혈

於以色列中、
어 이 색 열 중

俾爾獲福、○
비 이 획 복

신 19:14

爾於爾祆上帝
이 어 이 천 상 제

耶和華所賜之地、
야 화 화 소 사 지 지

旣得爲業、
기 득 위 업

則鄰里之界址、
칙 린 리 지 계 지

前人所定者、
전 인 소 정 자

毋得遷移、○
무 득 천 이

신 19:15

人有所犯、
인 유 소 범

無論何罪、
무 론 하 죄

證者惟一、
증 자 유 일

毋聽之、
무 청 지

必憑二三
필 빙 이 삼

證者之言、
증 자 지 언

以定其讞、
이 정 기 얼

신 19:16

如有妄證、
여 유 망 증

起而罪人、
기 이 죄 인

신 19:17

訟者二人當就
송 자 이 인 당 취

耶和華、
야 화 화

立於當時之
립 어 당 시 지

祭司士師前、
제 사 사 사 전

신 19:18

士師詳察、
사 사 상 찰

其證果僞、
기 증 과 위

欲害昆弟、
욕 해 곤 제

신 19:19

則必以其所欲
칙 필 이 기 소 욕

加諸昆弟者、
가 제 곤 제 자

加乎其身、
가 호 기 신

以除惡於爾中、
이 제 악 어 이 중

신 19:20

他人聞之必懼、
타 인 문 지 필 구

不復行此惡事、
불 복 행 차 악 사

신 19:21

爾毋惜之、
이 무 석 지

必以命償命、
필 이 명 상 명

目償目、
목 상 목

齒償齒、
치 상 치

手償手、
수 상 수

足償足、
족 상 족

申命記 第二十章
신 명 기 제 이 십 장

신 20:1

爾出與敵戰、
이 출 여 적 전

見車馬人民、
견 차 마 인 민

較爾尤衆、
교 이 우 중

毋畏之、
무 외 지

蓋爾秂上帝
개 이 천 상 제

耶和華、
야 화 화

導爾出埃及
도 이 출 애 급

者偕爾、
자 해 이

신 20:2

臨陳時、
림 진 시

祭司當至民前、
제 사 당 지 민 전

신 20:3

告之曰、
고 지 왈

以色列歟、
이 색 열 여

爾其聽之、
이 기 청 지

今日臨敵而戰、
금 일 림 적 이 전

毋怯心、
무 겁 심

毋畏懼、
무 외 구

毋戰慄、
무 전 률

毋因敵而驚恐、
무 인 적 이 경 공

신 20:4

蓋爾祇上帝耶和華與
개 이 친 상 제 야 화 화 여

爾偕往、
이 해 왕

攻敵拯爾、
공 적 증 이

신 20:5

族長當告民曰、
족 장 당 고 민 왈

築室未賀者可歸、
축 실 미 하 자 가 귀

免亡於陳、
면 망 어 진

而他人賀之、
이 타 인 하 지

신 20:6

植葡萄園、
식 포 도 원

未食其果者可歸、
미 식 기 과 자 가 귀

免亡於陳、
면 망 어 진

而他人食之、
이 타 인 식 지

신 20:7

聘妻未娶者可歸、
빙 처 미 취 자 가 귀

免亡於陳、
면 망 어 진

而他人娶之、
이 타 인 취 지

신 20:8

族長又當告民曰、
족 장 우 당 고 민 왈

畏葸心怯者可歸、
외 사 심 겁 자 가 귀

免使同儕亦喪膽、
면 사 동 제 역 상 담

신 20:9

族長言竟、
족 장 언 경

當立軍長
당 립 군 장

以率衆、○
이 솔 중

신 20:10

爾臨城攻之、
이 림 성 공 지

先告以和、
선 고 이 화

신 20:11

如以和應、
여 이 화 응

自啟邑門、
자 계 읍 문

則邑民必納
칙 읍 민 필 납

貢而事爾、
공 이 사 이

신 20:12

如不欲和而欲戰、
여 불 욕 화 이 욕 전

則必環而攻之、
칙 필 환 이 공 지

신 20:13

迨爾祆上帝耶和華以
태 이 천 상 제 야 화 화 이

邑付爾、
읍 부 이

必刃擊其丁男、
필 인 격 기 정 남

신 20:14

惟其婦女、
유 기 부 녀

孩提牲畜、
해 제 생 축

與邑中所
여 읍 중 소

有之貨財、
유 지 화 재

爾可取之、
이 가 취 지

爾祆上帝耶和華
이 천 상 제 야 화 화

所賜敵人之物、
소 사 적 인 지 물

爾可享之、
이 가 향 지

신 20:15

離爾甚遠之邑、
리 이 심 원 지 읍

不屬斯族者、
불 속 사 족 자

必如是待之、
필 여 시 대 지

신 20:16

惟此諸族之邑、
유 차 제 족 지 읍

爾祆上帝耶和華
이 천 상 제 야 화 화

賜爾爲業、
사 이 위 업

凡有氣息者、
범 유 기 식 자

勿留其一、
물 류 기 일

신 20:17

赫人、
혁 인

亞摩利人、
아 마 리 인

迦南人、
가 남 인

比利洗人、
비 리 세 인

希未人、
히 미 인

耶布斯人、
야 포 사 인

爾必盡行殄滅、
이 필 진 행 진 멸

循爾祆上帝
순 이 천 상 제

耶和華命、
야 화 화 명

신20:18

免彼教爾、
면 피 교 이

效其行於諸
효 기 행 어 제

神可惡之事、
신 가 악 지 사

致獲罪於爾祆上帝耶
치 획 죄 어 이 천 상 제 야

和華、○
화 와

신20:19

爾欲取城、
이 욕 취 성

環攻日久、
환 공 일 구

毋以斧斫樹、
무 이 부 작 수

其果可食、
기 과 가 식

故勿伐之、
고 물 벌 지

田間之樹、
전 간 지 수

豈人也耶、
기 인 야 야

而可攻乎、
이 가 공 호

신20:20

惟爾所知非
유 이 소 지 비

結果之樹、
결 과 지 수

則可伐之、
칙 가 벌 지

以爲營壘、
이 위 영 루

迨至敵城
태 지 적 성

破降之日、
파 강 지 일

申命記 第二十一章
신 명 기 제 이 십 일 장

신 21:1

在爾天上帝耶和華所
재 이 천 상 제 야 화 화 소

錫爲業之地、
석 위 업 지 지

若見有被殺者、
약 견 유 피 살 자

臥於田間、
와 어 전 간

不知誰殺、
불 지 수 살

신 21:2

則爾之長老士師、
칙 이 지 장 로 사 사

必至其處、
필 지 기 처

於四周之邑、
어 사 주 지 읍

度其遠近、
도 기 원 근

신 21:3

最近之邑、
최 근 지 읍

其長老必取牝犢、
기 장 로 필 취 빈 독

未負軛服役者、
미 부 액 복 역 자

신 21:4

牽至活水之谷、
견 지 활 수 지 곡

其地未經耕種、
기 지 미 경 경 종

則於谷中
칙 어 곡 중

折犢之頸、
절 독 지 경

신 21:5

利未人祭司
리 미 인 제 사

必適其所、
필 적 기 소

蓋其爲爾祆上帝耶和
개 기 위 이 천 상 제 야 화

華所簡、
화 소 간

以供役事、
이 공 역 사

藉耶和華之名、
자 야 화 화 지 명

爲民祝嘏、
위 민 축 하

凡諸爭競鬪毆、
범 제 쟁 경 두 구

俱憑其言而定、
구 빙 기 언 이 정

신21:6

離見殺者
리 견 살 자

最近之邑、
최 근 지 읍

其長老必在谷中、
기 장 로 필 재 곡 중

盥手於折
관 수 어 절

頸之犢上、
경 지 독 상

신 21:7

曰、
왈

我手未流此血、
아 수 미 유 차 혈

我目亦未之見、
아 목 역 미 지 견

신 21:8

耶和華歟、
야 화 화 여

爾所贖之
이 소 속 지

以色列族、
이 색 열 족

求爾宥之、
구 이 유 지

勿使無辜之血、
물 사 무 고 지 혈

歸於爾名、
귀 어 이 명

於是流血
어 시 류 혈

之罪得赦、
지 죄 득 사

신 21:9

爾行耶和華
이 행 야 화 화

所視爲正者、
소 시 위 정 자

則流血之罪、
칙 류 혈 지 죄

可除於爾中、○
가 제 어 이 중

신 21:10

爾出與敵戰、
이 출 여 적 전

爾祆上帝耶和華
이 천 상 제 야 화 화

付之爾手、
부 지 이 수

爾卽虜之、
이 즉 로 지

신 21:11

其間見有美女、
기 간 견 유 미 녀

爾戀慕之、
이 련 모 지

欲納爲妻、
욕 납 위 처

신21:12

可擕之歸、
가 휴 지 귀

使薙發修甲、
사 치 발 수 갑

신21:13

去被虜時
거 피 로 시

所衣之衣、
소 의 지 의

居於爾家、
거 어 이 가

哀其父母、
애 기 부 모

歴至一月、
력 지 일 월

然後與之同寢、
연 후 여 지 동 침

成爲夫婦、
성 위 부 부

신21:14

如後不見悅於爾、
여 후 불 견 열 어 이

可容之去、
가 용 지 거

俾其自由、
비 기 자 유

爾旣玷之、
이 기 점 지

勿鬻而得金、
물 죽 이 득 금

勿待之若婢、 ○
물 대 지 약 비

신21:15

人有二妻、
인 유 이 처

一見愛、
일 견 애

一被惡、
일 피 악

均生子、
균 생 자

而被惡者
이 피 악 자

之子居長、
지 자 거 장

신21:16

使子承業時、
사 자 승 업 시

不可廢被
불 가 폐 피

惡者之子、
악 자 지 자

而立見愛者
이 립 견 애 자

之子爲長子、
지 자 위 장 자

신 21:17

必認被惡者
필 인 피 악 자

之子爲長子、
지 자 위 장 자

倍其業以與之、
배 기 업 이 여 지

蓋彼爲强健時
개 피 위 강 건 시

所首生者、
소 수 생 자

宜得長子之業、○
의 득 장 자 지 업

신 21:18

人有悖逆之子、
인 유 패 역 지 자

不聽父母之言、
불 청 부 모 지 언

雖責之仍不聽、
수 책 지 잉 불 청

신21:19

父母當執之、
부 모 당 집 지

攜至其邑
휴 지 기 읍

門長老前、
문 장 로 전

신21:20

告曰、
고 왈

此子悖逆、
차 자 패 역

不聽我言、
불 청 아 언

饕餮沉湎、
도 철 침 면

신21:21

其邑之民、
기 읍 지 민

必石擊之致死、
필 석 격 지 치 사

以除惡於爾中、
이 제 악 어 이 중

使以色列衆
사 이 색 열 중

聞之而懼、○
문 지 이 구

신 21:22

人犯死罪、
인 범 사 죄

而致之死、
이 치 지 사

懸之於木、
현 지 어 목

신 21:23

毋使其屍
무 사 기 시

懸木竟夕、
현 목 경 석

必是日葬之、
필 시 일 장 지

免汚爾祆上帝
면 오 이 천 상 제

耶和華所賜爲
야 화 화 소 사 위

業之地、
업 지 지

蓋被懸者、
개 피 현 자

乃被上帝所詛也、
내 천 상 제 소 저 야

申命記 第二十二章
신 명 기 제 이 십 이 장

신22:1

爾見昆弟之牛羊、
이 견 곤 제 지 우 양

迷於歧路、
미 어 기 로

勿佯爲不見、
물 양 위 불 견

必反之於昆弟、
필 반 지 어 곤 제

신22:2

如昆弟離爾遠、
여 곤 제 리 이 원

或不相識、
혹 불 상 식

則牽之歸、
칙 견 지 귀

留於爾家、
류 어 이 가

待其求之、
대 기 구 지

然後反之、
연 후 반 지

신 22:3

其驢其衣、
기 려 기 의

凡昆弟所失之物、
범 곤 제 소 실 지 물

爲爾所得、
위 이 소 득

俱必如是反之、
구 필 여 시 반 지

勿佯爲不見、
물 양 위 불 견

신 22:4

爾見昆弟之牛驢、
이 견 곤 제 지 우 려

躓於途間、
지 어 도 간

勿佯爲不見、
물 양 위 불 견

必助其主起之、○
필 조 기 주 기 지

신 22:5

女勿衣男衣、
녀 물 의 남 의

男勿衣女衣、
남 물 의 녀 의

凡行此者、
범 행 차 자

乃爾天上帝耶和華所
내 이 천 상 제 야 화 화 소

惡也、○
악 야

신 22:6

途間如遇鳥巢、
도 간 여 우 조 소

在樹在地、
재 수 재 지

有雛有卵、
유 추 유 란

母鳥伏之、
모 조 복 지

不可母子兼取、
불 가 모 자 겸 취

신22:7

必從其母、
필 종 기 모

惟取其雛、
유 취 기 추

則可納福、
칙 가 납 복

且以延年、○
차 이 연 년

신22:8

爾建新室、
이 건 신 실

其頂必環以堞、
기 정 필 환 이 첩

免人墮落、
면 인 타 락

流血之罪、
류 혈 지 죄

歸於爾家、
귀 어 이 가

신22:9

葡萄園中、
포 도 원 중

勿播二種、
물 파 이 종

若然、
약 연

則種之所產、
칙 종 지 소 산

園之所出、
원 지 소 출

俱爲聖物、○
구 위 성 물

신22:10

勿以牛驢並耕、
물 이 우 려 병 경

신22:11

勿衣麻毛
물 의 마 모

雜織之衣、○
잡 직 지 의

신22:12

所披之衣、
소 피 지 의

當於四周、
당 어 사 주

緣之以縧、○
연 지 이

신22:13

人若娶妻、
인 약 취 처

同室後而惡之、
동 실 후 이 악 지

신22:14

謗以惡事、
방 이 악 사

加以惡名、
가 이 악 명

曰、
왈

我娶此女、
아 취 차 녀

與之同室、
여 지 동 실

見非童貞、
견 비 동 정

신22:15

女之父母、
녀 지 부 모

必攜童貞之據、
필 휴 동 정 지 거

至邑門長老前、
지 읍 문 장 로 전

신22:16

其父告曰、
기 부 고 왈

我以女適此人、
아 이 녀 적 차 인

而爲其所惡、
이 위 기 소 악

신22:17

謗以惡事、
방 이 악 사

謂非童貞、
위 비 동 정

然我女誠童貞、
연 아 녀 성 동 정

確據在此、
확 거 재 차

遂展其布
수 전 기 포

於長老前、
어 장 로 전

신22:18

長老必執其
장 로 필 집 기

人而責之、
인 이 책 지

신22:19

罰金一百、
벌 금 일 백

予女之父、
여 녀 지 부

因加惡名於以色
인 가 악 명 어 이 색

列處女故也、
열 처 녀 고 야

使女仍爲其妻、
사 녀 잉 위 기 처

畢生不休、
필 생 불 휴

신22:20

如所告屬實、
여 소 고 속 실

童貞無據、
동 정 무 거

신22:21

乃行不端於
내 행 불 단 어

以色列中、
이 색 열 중

在父家爲妓、
재 부 가 위 기

則必攜女
칙 필 휴 녀

至父家門、
지 부 가 문

邑人以石
읍 인 이 석

擊之致死、
격 지 치 사

以除惡於爾中、○
이 제 악 어 이 중

신 22:22

人與有夫
인 여 유 부

之婦同寢、
지 부 동 침

爲人所見、
위 인 소 견

則奸夫淫婦
칙 간 부 음 부

俱致之死、
구 치 지 사

以除惡於
이 제 악 어

以色列中、
이 색 열 중

신 22:23

處女受聘於人、
처 녀 수 빙 어 인

而他人遇於邑中、
이 타 인 우 어 읍 중

與之苟合、
여 지 구 합

신 22:24

其女旣在邑中、
기 녀 기 재 읍 중

而不呼號、
이 불 호 호

其男玷辱
기 남 점 욕

他人之妻、
타 인 지 처

則必攜至邑門、
칙 필 휴 지 읍 문

俱以石擊斃之、
구 이 석 격 폐 지

以除惡於爾中、
이 제 악 어 이 중

신 22:25

人遇受聘
인 우 수 빙

之女在田、
지 녀 재 전

强之苟合、
강 지 구 합

則獨殺淫女之人、
칙 독 살 음 녀 지 인

신 22:26

27 女無當死之罪、
녀 무 당 사 지 죄

不可懲之、
불 가 징 지

人遇女於田、
인 우 녀 어 전

女呼號而無救、
녀 호 호 이 무 구

其事與攻
기 사 여 공

殺鄰里同、
살 린 리 동

신 22:28

人遇未聘之女、
인 우 미 빙 지 녀

强之苟合、
강 지 구 합

爲人所見、
위 인 소 견

신 22:29

則淫女之人、
칙 음 녀 지 인

必以金五十、
필 이 금 오 십

予女之父、
여 녀 지 부

旣辱是女、
기 욕 시 녀

必娶爲妻、
필 취 위 처

畢生不休、○
필 생 불 휴

신 22:30

勿烝父之繼室、
물 증 부 지 계 실

勿辱父、
물 욕 부

申命記 第二十三章
신 명 기 제 이 십 삼 장

신 23:1

外腎受傷、
외 신 수 상

與被閹者、
여 피 엄 자

不得入耶和華會、
불 득 입 야 화 화 회

신 23:2

奸生之子、
간 생 지 자

雖至十世、
수 지 십 세

亦不得入
역 불 득 입

耶和華會、○
야 화 화 회

신 23:3

亞捫人、
아 문 인

摩押人、
마 압 인

不得入耶和華會、
불 득 입 야 화 화 회

凡屬斯族者、
범 속 사 족 자

雖歷十世、
수 력 십 세

至於永遠、
지 어 영 원

亦不得入
역 불 득 입

耶和華會、
야 화 화 회

신 23:4

因爾昔出埃及、
인 이 석 출 애 급

彼不以餅與水、
피 불 이 병 여 수

迎爾於途、
영 이 이 도

且買米所波大
차 매 미 소 피 대

米之比奪人、
미 지 비 탈 인

比珥子巴蘭詛爾、
비 이 자 파 란 저 이

신 23:5

惟爾祆上帝
유 이 천 상 제

耶和華愛爾、
야 화 화 애 이

不聽巴蘭、
불청파란

變詛爲祝、
변저위축

신23:6

緣此、
연차

爾畢生勿
이필생물

求其平安、
구기평안

祈其利達、○
기기리달

신23:7

勿憾以東人、
물감이동인

以其爲爾同族、
이기위이동족

勿憾埃及人、
물감애급인

以爾曾旅其地、
이이증려기지

신23:8

彼之子孫、
피지자손

至於三世、
지 어 삼 세

可入耶和華會、○
가 입 야 화 화 회

신 23:9

爾出列營攻敵、
이 출 열 영 공 적

宜戒諸惡、
의 계 제 악

신 23:10

若有夜間遺泄、
약 유 야 간 유 설

以致不潔、
이 치 불 결

則當出營、
즉 당 출 영

신 23:11

薄暮以水濯身、
박 모 이 수 탁 신

日入乃入、
일 입 내 입

신 23:12

營外必有一所、
영 외 필 유 일 소

신 23:13

器中有鍬、
기 중 유 초

在外遺矢、
재 외 유 시

必先掘土、
필 선 굴 토

反身而掩之、
반 신 이 엄 지

신 23:14

蓋爾祆上帝耶和華行
개 이 천 상 제 야 화 화 행

於營中、
어 영 중

以拯爾曹、
이 증 이 조

付敵於爾、
부 적 어 이

故營必潔、
고 영 필 결

免其見有穢物、
면 기 견 유 예 물

與爾相離、○
여 이 상 리

신 23:15

僕逃主投爾、
복 도 주 투 이

勿反於其主、
물 반 어 기 주

신23:16

於爾邑中、
어 이 읍 중

隨其所欲而居、
수 기 소 욕 이 거

勿虐待之、○
물 학 대 지

신23:17

以色列女中
이 색 열 녀 중

不可有娼妓、
불 가 유 창 기

男中不可有孌童、
남 중 불 가 유 련 동

신23:18

娼妓之値、
창 기 지 치

犬類之價、
견 류 지 가

勿入爾祆上帝
물 입 이 천 상 제

耶和華室以酬願、
야 화 화 실 이 수 원

皆爲其所惡也、○
개 위 기 소 악 야

신23:19

以金與糧、
이 금 여 량

及凡生利之物、
급 범 생 리 지 물

貸於同儕、
대 어 동 제

勿取其利、
물 취 기 리

신23:20

取於外族則可、
취 어 외 족 칙 가

於同儕則不可、
어 동 제 칙 불 가

如是在爾
여 시 재 이

所據之地、
소 거 지 지

爾祆上帝耶和華
이 천 상 제 야 화 화

必於凡爾所爲、
필 어 범 이 소 위

錫以福祉、○
석 이 복 지

신 23:21

許願於爾祆上帝
허 원 어 이 천 상 제

耶和華、
야 화 화

償之勿遲、
상 지 물 지

彼必討之於爾、
피 필 토 지 어 이

若不償之、
약 불 상 지

則爲有罪、
칙 위 유 죄

신 23:22

不許願、
불 허 원

則無罪、
칙 무 죄

신 23:23

言出於口、
언 출 어 구

則必行之、
칙 필 행 지

循其所許、
순 기 소 허

樂輸於爾祇上帝
악 수 어 이 지 상 제

耶和華者、○
야 화 화 자

신23:24

入人之葡萄園、
입 인 지 포 도 원

任意飽啖
임 의 포 담

其果則可、
기 과 칙 가

盛之於器則不可、
성 지 어 기 칙 불 가

신23:25

入人禾稼、
입 인 화 가

手摘其穗則可、
수 적 기 수 칙 가

刈之以鐮則不可、
예 지 이 렴 칙 불 가

申命記 第二十四章
신 명 기 제 이 십 사 장

신 24:1

人娶妻後、
인 취 처 후

見其有疵、
견 기 유 자

而不之悅、
이 불 지 열

當書離書、
당 서 리 서

付於其手、
부 어 기 수

使出其家、
사 출 기 가

신 24:2

旣出之後、
기 출 지 후

則可他適、
칙 가 타 적

신 24:3

如其後夫
여 기 후 부

亦不之悅、
역 불 지 열

付以離書而出之、
부 이 리 서 이 출 지

或後夫死、
혹 후 부 사

신 24:4

其前夫旣出之、
기 전 부 기 출 지

爲人所玷、
위 인 소 점

勿復娶之、
물 복 취 지

此乃耶和華
차 내 야 화 화

所惡者、
소 악 자

爾祆上帝耶和華
이 천 상 제 야 화 화

所賜爲業之地、
소 사 위 업 지 지

不可汚之、
불 가 오 지

신 24:5

人新娶、
인 신 취

不可往戰、
불 가 왕 전

不可任職、
불 가 임 직

必處於家、
필 처 어 가

歷至一年、
력 지 일 년

以悅其妻、○
이 열 기 처

신 24:6

毋取上下磨爲質、
무 취 상 하 마 위 질

盖質人之
개 질 인 지

生命也、○
생 명 야

신 24:7

如以色列人竊
여 이 색 열 인 절

取同族以爲奴、
취 동 족 이 위 노

或鬻於人、
혹 죽 어 인

必致之死、
필 치 지 사

以除惡於爾中、 ○
이 제 악 어 이 중

신24:8

宜慎癩疾、
의 신 라 질

遵行利未人祭
준 행 리 미 인 제

司所訓之例、
사 소 훈 지 례

我所命祭司者、
아 소 명 제 사 자

俱當守之、
구 당 수 지

신24:9

昔爾出埃及時、
석 이 출 애 급 시

爾祆上帝耶和華
이 천 상 제 야 화 화

在途間、
재 도 간

所行於米利暗者、
소 행 어 미 리 암 자

爾當憶之、○
이 당 억 지

신24:10

如貸於人、
여 대 어 인

勿入其家取質、
물 입 기 가 취 질

신24:11

必立於外、
필 립 어 외

待其攜質
대 기 휴 질

出以予爾、
출 이 여 이

신24:12

如其人貧、
여 기 인 빈

勿留其質越宿、
물 류 기 질 월 숙

신24:13

日入時、
일 입 시

必反之、
필 반 지

使其有衣以寢、
사 기 유 의 이 침

爲爾祝嘏、
위 이 축 하

則爾祆上帝耶和華
칙 이 천 상 제 야 화 화

必以爲義、
필 이 위 의

신24:14

貧乏傭人、
빈 핍 용 인

或爾同族、
혹 이 동 족

或寓於爾
혹 우 어 이

邑之賓旅、
읍 지 빈 려

勿虐待之、
물 학 대 지

신24:15

屆期必給以值、
계 기 필 급 이 치

勿至日沒、
물 지 일 몰

以其貧乏、
이 기 빈 핍

厥心在此、
궐 심 재 차

恐其籲耶和華、
공 기 유 야 화 화

致罪歸爾、○
치 죄 귀 이

신24:16

毋因子而殺父、
무 인 자 이 살 부

毋因父而殺子、
무 인 부 이 살 자

惟依其罪、
유 의 기 죄

而殺其人、○
이 살 기 인

신24:17

賓旅與孤、
빈 려 여 고

勿反其正、
물 반 기 정

勿以嫠衣爲質、
물 이 리 의 위 질

신24:18

當憶昔在埃及、
당 억 석 재 애 급

爾爲奴隷、
이 위 노 례

爾祆上帝耶和華
이 천 상 제 야 화 화

贖爾以出、
속 이 이 출

故我命爾行此、 ○
고 아 명 이 행 차

신24:19

爾刈田禾、
이 예 전 화

若遺一束、
약 유 일 속

勿返取、
물 반 취

當留與賓
당 류 여 빈

旅及孤寡、
려 급 고 과

致爾祆上帝耶和華
치 이 천 상 제 야 화 화

於爾凡百所爲、
어 이 범 백 소 위

錫嘏於爾、
석 하 어 이

신 24:20
旣朴橄欖、
기 박 감 람
毋得再朴、
무 득 재 박
必歸賓旅及孤寡、
필 귀 빈 려 급 고 과

신 24:21
旣摘葡萄、
기 적 포 도
毋得再摘、
무 득 재 적
必歸賓旅及孤寡、
필 귀 빈 려 급 고 과

신 24:22
當憶昔在埃及、
당 억 석 재 애 급
爾爲奴隷、
이 위 노 례
故我命爾行此也、
고 아 명 이 행 차 야

申命記 第二十五章
신 명 기 제 이 십 오 장

신 25:1

人有訟事、
인 유 송 사

就於士師、
취 어 사 사

士師聽之、
사 사 청 지

必直其義者、
필 직 기 의 자

罪其惡者、
죄 기 악 자

신 25:2

惡人罪當受笞、
악 인 죄 당 수 태

士師使伏於前、
사 사 사 복 어 전

如數笞之、
여 수 태 지

신 25:3

笞數勿逾四十、
태 수 물 유 사 십

若笞之過多、
약 태 지 과 다

恐賤爾昆弟、○
공 천 이 곤 제

신 25:4

踏谷之牛、
답 곡 지 우

勿籠其口、 ○
물 롱 기 구

신 25:5

兄弟同居、
형 제 동 거

其一無子而死、
기 일 무 자 이 사

死者之妻、
사 자 지 처

不可他適、
불 가 타 적

夫弟當娶爲妻、
부 제 당 취 위 처

以盡厥分、
이 진 궐 분

신 25:6

首生之子、
수 생 지 자

必爲兄嗣、
필 위 형 사

使於以色列中、
사 어 이 색 열 중

不絕其名、
불 절 기 명

신 25:7

如弟不欲娶之、
여 제 불 욕 취 지

則婦當至邑門、
칙 부 당 지 읍 문

見長老曰、
견 장 로 왈

我夫之弟、
아 부 지 제

不欲其兄留名
불 욕 기 형 류 명

於以色列中、
어 이 색 열 중

不盡爲弟之分、
불 진 위 제 지 분

신 25:8

邑之長老必
읍 지 장 로 필

召而問之、
소 이 문 지

如執意言
여 집 의 언

不欲娶之、
불욕취지

신 25:9

則婦於長老前、
칙부어장로전

就而解其履、
취이해기리

唾其面曰、
타기면왈

不欲爲兄立家者、
불욕위형립가자

必如是待之、
필여시대지

신 25:10

後在以色列中、
후재이색열중

必稱之曰
필칭지왈

解履之家、○
해리지가

신 25:11

二人相鬭、
이인상두

其一之妻、
기일지처

前欲援其夫、
전 욕 원 기 부

脫於擊者之手、
탈 어 격 자 지 수

而執其下體、
이 집 기 하 체

신25:12

則必斷其手、
칙 필 단 기 수

勿惜之、○
물 석 지

신25:13

囊中勿有異權、
낭 중 물 유 이 권

一大一小、
일 대 일 소

신25:14

家中勿有異量、
가 중 물 유 이 량

一大一小、
일 대 일 소

신25:15

惟權與量、
유 권 여 량

俱必准確公平、
구 필 준 확 공 평

致可延年、
치 가 연 년

於爾祆上帝耶和華
어 이 천 상 제 야 화 화

所錫之地、
소 석 지 지

신25:16

凡行此非義者、
범 행 차 비 의 자

乃爾祆上帝耶和華
내 이 천 상 제 야 화 화

所惡也、○
소 악 야

신25:17

昔爾出埃及時、
석 이 출 애 급 시

亞瑪力人所行於
아 마 력 인 소 행 어

爾者爾當憶之、
이 자 이 당 억 지

신25:18

彼不畏祆上帝、
피 불 외 천 상 제

乘爾途間疲憊、
승 이 도 간 피 비

殺爾後行
살 이 후 행

之荏弱者、
지 임 약 자

신25:19

爾祇上帝耶和華、
이 지 상 제 야 화 화

拯爾脫於
증 이 탈 어

四周之敵、
사 주 지 적

俾得綏安、
비 득 수 안

於其所賜
어 기 소 사

爲業之地、
위 업 지 지

則必塗亞瑪力
칙 필 도 아 마 력

誌於天下、
지 어 천 하

爾勿忘之、
이 물 망 지

申命記 第二十六章
신 명 기 제 이 십 육 장

신 26:1
旣至爾祆上帝耶和華
기 지 이 천 상 제 야 화 화
所賜爲業之地、
소 사 위 업 지 지
據而居之、
거 이 거 지

신 26:2
必以斯土所產
필 이 사 토 소 산
之初實、
지 초 실
盛之於筐、
성 지 어 광
詣爾祆上帝耶和華
예 이 천 상 제 야 화 화
所選寄名之處、
소 선 기 명 지 처

신 26:3
見當時之祭司曰、
견 당 시 지 제 사 왈
我今敬告爾
아 금 경 고 이

祆上帝耶和華、
천 상 제 야 화 화

耶和華所誓
야 화 화 소 서

許我祖、
허 아 조

錫我之地、
석 아 지 지

我已至之、
아 이 지 지

신 26:4

祭司取筐於爾手、
제 사 취 광 어 이 수

置爾祆上帝
치 이 천 상 제

耶和華壇前、
야 화 화 단 전

신 26:5

爾在爾祆上帝
이 재 이 천 상 제

耶和華前必曰、
야 화 화 전 필 왈

我祖亞蘭人、
아 조 아 란 인

乃瀕死者、
내빈사자

往旅埃及、
왕려애급

人數無多、
인수무다

而成大族、
이성대족

强盛繁衍、
강성번연

신 26:6

埃及人惡待我儕、
애급인악내아제

而虐遇之、
이학우지

加以苦役、
가이고역

신 26:7

我籲我列祖之
아유아열조지

祆上帝耶和華、
천상제야화화

蒙其垂聽、
몽기수청

鑒我所受之艱難、
감 아 소 수 지 간 난

勞苦暴虐、
로 고 폭 학

신 26:8

耶和華以能手、
야 화 화 이 능 수

奮臂、
분 비

異蹟、
이 적

奇事、
기 사

大而可畏之事、
대 이 가 외 지 사

導我出埃及、
도 아 출 애 급

신 26:9

攜我至此、
휴 아 지 차

錫我流乳與
석 아 류 유 여

蜜之地、
밀 지 지

신 26:10

耶和華歟、
야 화 화 여

爾所賜我之地、
이 소 사 아 지 지

其所產之初實、
기 소 산 지 초 실

我攜之至、
아 휴 지 지

遂置於爾祆上帝
수 치 어 이 천 상 제

耶和華前、
야 화 화 전

而行崇拜、
이 행 숭 배

신 26:11

爾與利未人、
이 여 리 미 인

及居爾中之賓旅、
급 거 이 중 지 빈 려

緣爾祆上帝耶和
연 이 천 상 제 야 화

華賜爾暨家之福、
화 사 이 기 가 지 복

而喜樂焉、○
이 희 악 언

신26:12

每至三載、
매 지 삼 재

什輸其一之年、
십 수 기 일 지 년

凡土所産、
범 토 소 산

什輸其一旣畢、
십 수 기 일 기 필

必以給利未人
필 이 급 리 미 인

及貧旅孤寡、
급 빈 려 고 과

使食於爾邑內、
사 식 어 이 읍 내

而得果腹、
이 득 과 복

신26:13

則於爾祆上帝
칙 어 이 천 상 제

耶和華前告曰、
야 화 화 전 고 왈

爲聖之物、
위 성 지 물

我已出之我家、
아 이 출 지 아 가

給與利未人及
급 여 리 미 인 급

貧旅孤寡、
빈 려 고 과

循爾所諭、
순 이 소 유

爾之命令、
이 지 명 령

我未干犯、
아 미 간 범

亦未遺忘、
역 미 유 망

신 26:14

維此聖物、
유 차 성 물

居喪時、
거 상 시

我未食之、
아 미 식 지

不潔時、
불 결 시

我未移之、
아 미 이 지

爲死者、
위 사 자

我未用之、
아 미 용 지

惟聽我祆上帝
유 청 아 천 상 제

耶和華命、
야 화 화 명

遵爾所諭而行、
준 이 소 유 이 행

신26:15

祈自天上
기 자 천 상

聖所俯察、
성 소 부 찰

錫嘏於爾民
석 하 어 이 민

以色列、
이 색 열

並所賜我流乳
병 소 사 아 류 유

與蜜之地、
여 밀 지 지

如所誓於我
여 소 서 어 아

列祖者、○
열 조 자

신26:16

爾祆上帝耶和華、
이 천 상 제 야 화 화

今日命爾行此
금 일 명 이 행 차

典章律例、
전 장 률 례

故當一心
고 당 일 심

一意守之、
일 의 수 지

신26:17

今日爾以耶和
금 일 이 이 야 화

華爲爾祆上帝、
화 위 이 천 상 제

願行其道、
원 행 기 도

聽其言、
청 기 언

守其典章、
수 기 전 장

誡命律例、
계 명 률 례

신26:18

耶和華亦
야화화역

循其所許、
순기소허

以爾爲己民、
이이위기민

俾從其命、
비종기명

신26:19

使爾在於榮耀、
사이재어영요

名譽尊貴、
명예존귀

超乎所造萬民、
초호소조만민

爾爲聖民、
이위성민

歸爾祆上帝
귀이천상제

耶和華、
야화화

循其所言、
순기소언

申命記第二十七章
신명기제이십칠장

신 27:1

摩西與以色列
마 서 여 이 색 열

長老諭民曰、
장 로 유 민 왈

我今日所諭爾者、
아 금 일 소 유 이 자

爾當遵守、
이 당 준 수

신 27:2

爾渡約但、
이 도 약 단

至爾祆上帝耶和
지 이 천 상 제 야 화

華所賜之地、
화 소 사 지 지

其日必立大石、
기 일 필 립 대 석

塗之以灰、
도 지 이 회

신 27:3

旣渡之後、
기 도 지 후

當錄斯律
당 록 사 률

諸言於上、
제 언 어 상

致可入爾祆上帝
치 가 입 이 천 상 제

耶和華所賜流乳
야 화 화 소 사 류 유

與蜜之地、
여 밀 지 지

如爾祖之祆上帝
여 이 조 지 천 상 제

耶和華所許者、
야 화 화 소 허 자

신 27:4

旣渡約但、
기 도 약 단

循我今日所諭、
순 아 금 일 소 유

必立斯石於
필 립 사 석 어

以巴路山、
이 파 로 산

塗之以灰、
도 지 이 회

신 27:5

在彼爲爾祆上帝
재 피 위 이 천 상 제

耶和華建壇、
야 화 화 건 단

以石爲之、
이 석 위 지

毋用鐵器而造、
무 용 철 기 이 조

신 27:6

建爾祆上帝
건 이 천 상 제

耶和華之壇、
야 화 화 지 단

必以未經雕鑿
필 이 미 경 조 착

之石在壇之上、
지 석 재 단 지 상

獻燔祭於爾祆上帝
헌 번 제 어 이 천 상 제

耶和華、
야 화 화

신 27:7

亦獻酬恩祭、
역 헌 수 은 제

在彼食之、
재피식지

樂於爾祆上帝
악어이천상제

耶和華前、
야화화전

신27:8

錄斯律諸言於石、
록사률제언어석

當詳明焉、○
당상명언

신27:9

摩西與利
마서여리

未人祭司、
미인제사

告以色列民曰、
고이색열민왈

以色列人歟、
이색열인여

爾其靜默以聽、
이기정묵이청

今日爾成爲爾祆
금일이성위이천

上帝耶和華之民、
상 제 야 화 화 지 민

신 27:10

故必聽從其言、
고 필 청 종 기 언

行其誡命典章、
행 기 계 명 전 장

乃我今日所諭
내 아 금 일 소 유

爾者也、○
이 자 야

신 27:11

當日摩西諭民曰、
당 일 마 서 유 민 왈

신 27:12

旣濟約但、
기 제 약 단

西緬、
서 면

利未、
리 미

猶大、
유 대

以薩迦、
이 살 가

約瑟、
약 슬

便雅憫諸支派、
편 아 민 제 지 파

當立於基利心山、
당 립 어 기 리 심 산

爲民祝嘏、
위 민 축 하

신 27:13

流便、
류 편

迦得、
가 득

亞設、
아 설

西布倫、
서 포 륜

但、
단

拿弗他利諸支派、
나 불 타 리 제 지 파

當立於以巴路山、
당 립 어 이 파 로 산

宣其詛詞、
선 기 저 사

신 27:14

利未人當大聲以向
리 미 인 당 대 성 이 향

以色列民曰、
이 색 열 민 왈

신 27:15

凡人雕偶鑄像、
범 인 조 우 주 상

匠人所造、
장 인 소 조

乃耶和華所惡、
내 야 화 화 소 악

立於隱處者、
립 어 은 처 자

必受詛、
필 수 저

衆民當應曰、
중 민 당 응 왈

阿們、
아 문

신 27:16

輕視父母者、
경 시 부 모 자

必受詛、
필 수 저

衆民當應曰、
중 민 당 응 왈

阿們、
아 문

신27:17

移鄰里之界址者、
이 린 리 지 계 지 자

必受詛、
필 수 저

衆民當應曰、
중 민 당 응 왈

阿們、
아 문

신27:18

使瞽迷途者、
사 고 미 도 자

必受詛、
필 수 저

衆民當應曰、
중 민 당 응 왈

阿們、
아 문

신27:19

屈抑賓旅孤寡者、
굴 억 빈 려 고 과 자

必受詛、
필수저

衆民當應曰、
중민당응왈

阿們、
아문

신27:20

烝父繼室、
증부계실

辱其父者、
욕기부자

必受詛、
필수저

衆民當應曰、
중민당응왈

阿們、
아문

신27:21

淫於獸者、
음어수자

必受詛、
필수저

衆民當應曰、
중민당응왈

阿們、
아 문

신 27:22

奸亂同父異母、
간 란 동 부 이 모

異父同母
이 부 동 모

之姊妹者、
지 자 매 자

必受詛、
필 수 저

衆民當應曰、
중 민 당 응 왈

阿們、
아 문

신 27:23

烝妻母者、
증 처 모 자

必受詛、
필 수 저

衆民當應曰、
중 민 당 응 왈

阿們、
아 문

신 27:24

陰擊鄰里者、
음 격 린 리 자

必受詛、
필 수 저

衆民當應曰、
중 민 당 응 왈

阿們、
아 문

신 27:25

受賄以殺不辜者、
수 회 이 살 불 고 자

必受詛、
필 수 저

衆民當應曰、
중 민 당 응 왈

阿們、
아 문

신 27:26

不遵斯律之
불 준 사 률 지

言而行者、
언 이 행 자

必受詛、
필 수 저

衆民當應曰、
중 민 당 응 왈

阿們、
아 문

申命記第二十八章
신 명 기 제 이 십 팔 장

신 28:1

如爾聽從爾祆上帝耶
여 이 청 종 이 천 상 제 야

和華之言、
화 화 지 언

遵行其誡、
준 행 기 계

我今日所諭爾者、
아 금 일 소 유 이 자

則爾祆上帝耶和華
칙 이 천 상 제 야 화 화

必舉爾升高、
필 거 이 승 고

超乎天下萬民、
초 호 천 하 만 민

신 28:2

如爾聽從爾祆上帝
여 이 청 종 이 천 상 제

耶和華之言、
야화화지언

則此諸福、
칙차제복

必臨及爾、
필림급이

신 28:3

在邑獲福、
재읍획복

在田獲福、
재전획복

신 28:4

身之所生、
신지소생

土之所產、
토지소산

畜之所出、
축지소출

牛羣之犢、
우군지독

羊羣之羔、
양군지고

並皆獲福、
병개획복

신 28:5

盛糧之筐、
성 량 지 광

摶面之器獲福、
박 면 지 기 획 복

신 28:6

爾出獲福、
이 출 획 복

爾入獲福、
이 입 획 복

신 28:7

敵起攻爾、
적 기 공 이

耶和華必使
야 화 화 필 사

爾擊敗之、
이 격 패 지

其攻爾也由一途、
기 공 이 야 유 일 도

其逃爾也由七途、
기 도 이 야 유 칠 도

신 28:8

耶和華必降福
야 화 화 필 강 복

於爾倉、
어 이 창

及爾手之所爲、
급 이 수 지 소 위

錫嘏於爾、
석 하 어 이

在爾祆上帝耶和華
재 이 천 상 제 야 화 화

所賜之地、
소 사 지 지

신 28:9

如爾守爾祆上帝
여 이 수 이 천 상 제

耶和華之誡、
야 화 화 지 계

遵行其道、
준 행 기 도

則耶和華必
칙 야 화 화 필

踐其所誓、
천 기 소 서

立爾爲己之聖民、
립 이 위 기 지 성 민

신 28:10

天下億兆、
천 하 억 조

將見爾稱以
장 견 이 칭 이

耶和華名、
야 화 화 명

惟爾是畏、
유 이 시 외

신28:11

耶和華必
야 화 화 필

使爾昌熾、
사 이 창 치

身之所生、
신 지 소 생

畜之所出、
축 지 소 출

土之所產、
토 지 소 산

俱蒙福祉、
구 몽 복 지

於耶和華所誓
어 야 화 화 소 서

爾祖賜爾之地、
이 조 사 이 지 지

신28:12

耶和華必爲
야화화필위

爾啟其寶藏、
이계기보장

使天降時
사천강시

雨於爾土、
우어이토

於爾凡百所爲、
어이범백소위

錫嘏於爾、
석하어이

爾貸金於列邦、
이대금어열방

而不告貸於彼、
이불고대어피

신28:13

14 如爾聽從爾祅上帝
여이청종이천상제

耶和華之誡命、
야화화지계명

我今日所諭爾者、
아금일소유이자

謹守遵行、
근수준행

不偏左右、
불 편 좌 우

離我今日
리 아 금 일

所諭之言、
소 유 지 언

不從他神、
불 종 타 신

而崇事之、
이 숭 사 지

則耶和華必
직 야 화 화 필

以爾爲首、
이 이 위 수

不以爾爲尾、
불 이 이 위 미

使爾居上、
사 이 거 상

不居於下、○
불 거 어 하

신 28:15

如爾不聽爾祆上帝
여 이 불 청 이 천 상 제

耶和華之言、
야 화 화 지 언

不守其誡命典章、
불 수 기 계 명 전 장

我今日所諭爾者、
아 금 일 소 유 이 자

則此諸詛、
칙 차 제 저

必臨及爾、
필 림 급 이

신 28:16

在邑受詛、
재 읍 수 저

在田受詛、
새 선 수 저

신 28:17

盛糧之筐、
성 량 지 광

摶面之器受詛、
박 면 지 기 수 저

신 28:18

身之所生、
신 지 소 생

土之所產、
토 지 소 산

畜之所出、
축 지 소 출

牛羣之犢、
우 군 지 독

羊羣之羔、
양 군 지 고

並皆受詛、
병 개 수 저

신 28:19

爾入受詛、
이 입 수 저

爾出受詛、
이 출 수 저

신 28:20

耶和華因爾行
야 화 화 인 이 행

惡離棄彼、
악 리 기 피

必於凡爾所爲、
필 어 범 이 소 위

加爾咒詛、
가 이 주 저

擾亂譴責、
요 란 견 책

以致速亡、
이 치 속 망

신 28:21

耶和華必使疫
야 화 화 필 사 역

癘附於爾身、
려 부 어 이 신

以至滅爾於
이 지 멸 이 어

爾入據之地、
이 입 거 지 지

신 28:22

耶和華必以癆疾、
야 화 화 필 이 로 질

熱疾、
열 질

炎疾、
염 질

瘧疾、
학 질

兵革、
병 혁

枯槁、
고 고

黴爛擊爾、
미 란 격 이

此災必追襲爾、
차 재 필 추 습 이

致爾隕沒、
치 이 운 몰

신 28:23

覆爾之天如銅、
복 이 지 천 여 동

載爾之地如鐵、
재 이 지 지 여 철

신 28:24

耶和華必以
야 화 화 필 이

塵沙爲雨、
진 사 위 우

自天降於爾土、
자 천 강 어 이 토

俾爾滅亡、
비 이 멸 망

신 28:25

耶和華必使
야 화 화 필 사

爾爲敵所敗、
이 위 적 소 패

爾攻之也由一途、
이 공 지 야 유 일 도

爾逃之也由七途、
이 도 지 야 유 칠 도

拋棄於天下
포기어천하
萬國之中、
만국지중

신 28:26
爾屍必爲飛
이시필위비
禽走獸所食、
금주수소식
無人逐之、
무인축지

신 28:27
耶和華必以埃及
야화화필이애급
人所患之癰、
인소환지옹
痔、
치
疥、
개
癬、
선
不治之症、
불치지증

加乎爾身、
가 호 이 신

신28:28

又必使爾顚狂、
우 필 사 이 전 광

目瞽心驚、
목 고 심 경

신28:29

雖在日中、
수 재 일 중

猶如瞽者
유 여 고 자

暗中摸索、
암 중 모 색

所行所爲、
소 행 소 위

不獲亨通、
불 획 형 통

恆遭暴虐劫奪、
긍 조 폭 학 겁 탈

無人救援、
무 인 구 원

신28:30

聘妻而人與之寢、
빙 처 이 인 여 지 침

築室而已不得居、
축 실 이 기 불 득 거

植葡萄園而
식 포 도 원 이

不得食其果、
불 득 식 기 과

신 28:31

爾牛被宰、
이 우 피 재

爾目擊之、
이 목 격 지

而不得食、
이 불 득 식

爾驢被奪、
이 려 피 탈

爾目擊之、
이 목 격 지

而不見返、
이 불 견 반

爾羊付於爾敵、
이 양 부 어 이 적

無人救爾、
무 인 구 이

신 28:32

子女付於異族、
자 녀 부 어 이 족

爾將終日瞻望、
이 장 종 일 첨 망

至於目盲、
지 어 목 맹

無力拯之、
무 력 증 지

신 28:33

爾之土產、
이 지 토 산

及爾勞而得者、
급 이 로 이 득 자

將爲爾所未
장 위 이 소 미

識之民吞噬、
식 지 민 탄 서

爾惟受虐見迫、
이 유 수 학 견 박

歷久如是、
력 구 여 시

신 28:34

爾目所見、
이 목 소 견

必致顚狂、
필 치 전 광

신 28:35

耶和華必以惡瘡、
야 화 화 필 이 악 창

加於爾膝與股、
가 어 이 슬 여 고

自踵延及於頂、
자 종 연 급 어 정

無術以療、
무 술 이 료

신 28:36

耶和華必以爾及
야 화 화 필 이 이 급

爾所立之王、
이 소 립 지 왕

徙至爾與爾祖
사 지 이 여 이 조

素所未識之國、
소 소 미 식 지 국

在彼奉事木
재 피 봉 사 목

石之神、
석 지 신

신 28:37

於耶和華徙爾
어 야 화 화 사 이

所至之國、
소 지 지 국

必爲人所駭異、
필 위 인 소 해 이

作諺語及話柄、
작 언 어 급 화 병

신 28:38

爾之田畝、
이 지 전 무

播種則多、
파 종 칙 다

獲實則少、
획 실 칙 소

蝗食故也、
황 식 고 야

신 28:39

植葡萄園而治之、
식 포 도 원 이 치 지

不收其果、
불 수 기 과

不飮其酒、
불 음 기 주

蟲食故也、
충 식 고 야

신 28:40

四境有橄欖樹、
사 경 유 감 람 수

不以其油膏身、
불 이 기 유 고 신

果隕故也、
과 운 고 야

신 28:41

爾生子女、
이 생 자 녀

不爲爾有、
불 위 이 유

被虜故也、
피 로 고 야

신 28:42

爾囿之樹、
이 유 지 수

爾地之產、
이 지 지 산

爲蝗所食、
위 황 소 식

신 28:43

爾中賓旅、
이 중 빈 려

必愈升愈高、
필 유 승 유 고

爾愈降愈卑、
이 유 강 유 비

신 28:44

彼可貸金於爾、
피 가 대 금 어 이

爾不貸金於彼、
이 불 대 금 어 피

彼爲首、
피 위 수

爾爲尾、
이 위 미

신 28:45

凡此諸詛、
범 차 제 저

必追襲爾、
필 추 습 이

臨及爾、
림 급 이

俾爾滅亡、
비 이 멸 망

因爾不聽爾祆上帝
인 이 불 청 이 천 상 제

耶和華所諭之言、
야 화 화 소 유 지 언

守其誡命典章、
수 기 계 명 전 장

신 28:46

凡此諸詛、
범 차 제 저

必爲異蹟奇
필 위 이 적 기

事於爾、
사 어 이

爰及子孫、
원 급 자 손

歷世靡曁、
력 세 미 기

신 28:47

爾當富有之時、
이 당 부 유 지 시

不中心欣喜、
불 중 심 흔 희

奉事爾祆上帝
봉 사 이 천 상 제

耶和華、
야화화

신28:48
爾必饑渴、
이필기갈
裸裎、
라정
匱乏、
궤핍
服役於敵、
복역어적
耶和華所
야화화소
遣攻爾者、
견공이자
彼以鐵軛
피이철액
置於爾頸、
치어이경
迨爾滅亡、
태이멸망

신28:49
耶和華必使遠民、
야화화필사원민

如鷹之飛、
여 응 지 비

來自地極、
래 자 지 극

以攻擊爾、
이 공 격 이

其言爾不之識、
기 언 이 불 지 식

신 28:50

其容强悍、
기 용 강 한

不顧耆老、
불 고 기 로

不恤幼稚、
불 휼 유 치

신 28:51

爾畜所生、
이 축 소 생

爾土所產、
이 토 소 산

俱爲所食、
구 위 소 식

迨爾滅亡、
태 이 멸 망

爾穀與酒及油、
이 곡 여 주 급 유

牛羣之犢、
우 군 지 독

羊羣之羔、
양 군 지 고

取之無遺、
취 지 무 유

迨爾滅亡、
태 이 멸 망

신 28:52

爾祆上帝耶和華
이 천 상 제 야 화 화

所賜爾之全地、
소 사 이 지 전 지

其中諸邑、
기 중 제 읍

城垣高固、
성 원 고 고

爾所恃也、
이 소 시 야

敵必困爾於中、
적 필 곤 이 어 중

迨其傾圮、
태 기 경 비

신 28:53

被圍之時、
피 위 지 시

受敵窘迫、
수 적 군 박

至食子女之肉、
지 식 자 녀 지 육

爾祆上帝耶和華
이 천 상 제 야 화 화

所賜者、
소 사 자

신 28:54

爾中荏弱
이 중 임 약

嬌嫩之人、
교 눈 지 인

必怒視其兄弟、
필 노 시 기 형 제

及懷中之妻室、
급 회 중 지 처 실

遺留之子女、
유 류 지 자 녀

신 28:55

甚至彼於
심 지 피 어

敵圍爾邑、
적 위 이 읍

窘迫之際、
군 박 지 제

食其子女之肉、
식 기 자 녀 지 육

不肯分給親屬、
불 긍 분 급 친 속

無所遺餘故也、
무 소 유 여 고 야

신 28:56-57

爾中荏弱嬌
이 중 임 약 교

嫩之婦、
눈 지 부

因其嬝娜、
인 기 뇨 나

以足踐地、
이 족 천 지

猶且不屑、
유 차 불 설

必怒視其
필 노 시 기

懷中之夫、
회 중 지 부

與其子女、
여 기 자 녀

曁膝間之嬰孩、
기 슬 간 지 영 해

及凡所生、
급 범 소 생

緣敵圍邑窘迫、
연 적 위 읍 군 박

而無所得、
이 무 소 득

則私食之、
칙 사 식 지

신 28:58

如爾不守此書
여 이 불 수 차 서

所載法律之言、
소 재 법 률 지 언

不畏爾祆上帝耶和
불 외 이 천 상 제 야 화

華尊榮可畏之名、
화 존 영 가 외 지 명

신 28:59

則耶和華必使爾
칙 야 화 화 필 사 이

遘奇異之災、
구 기 이 지 재

至重至久之殃、
지 중 지 구 지 앙

艱苦纏綿之病、
간 고 전 면 지 병

爰及苗裔、
원 급 묘 예

신 28:60

加以埃及諸疾、
가 이 애 급 제 질

爾所畏者、
이 소 외 자

必附爾身、
필 부 이 신

신 28:61

更有諸疾諸災、
경 유 제 질 제 재

律書所未載者、
률 서 소 미 재 자

耶和華亦以相加、
야 화 화 역 이 상 가

迨爾滅亡、
태 이 멸 망

신 28:62

昔爾人數、
석 이 인 수

如天星之多、
여 천 성 지 다

因不聽爾祆上帝
인 불 청 이 천 상 제

耶和華命、
야 화 화 명

致所遺無幾、
치 소 유 무 기

신 28:63

昔耶和華
석 야 화 화

以善待爾、
이 선 대 이

昌熾爾爲悅、
창 치 이 위 열

厥後以毁滅爾、
궐 후 이 훼 멸 이

殲殄爾爲悅、
섬 진 이 위 열

使爾絕於所
사 이 절 어 소

入而得之地、
입 이 득 지 지

신 28:64

耶和華必散
야 화 화 필 산

爾於列邦、
이 어 열 방

自地極至天涯、
자 지 극 지 천 애

在彼奉事
재 피 봉 사

木石之神、
목 석 지 신

爾與爾祖
이 여 이 조

所未識者、
소 미 식 자

신 28:65

在此族中、
재 차 족 중

不獲綏安、
불 획 수 안

無有駐足之所、
무 유 주 족 지 소

耶和華必使爾
야 화 화 필 사 이

心慄目盲、
심 률 목 맹

精神衰敗、
정 신 쇠 패

신 28:66

爾之生命、
이 지 생 명

懸寄危境、
현 기 위 경

晝夜驚惶、
주 야 경 황

料難保全、
료 난 보 전

신 28:67

因心所懼、
인 심 소 구

與目所見、
여 목 소 견

朝必曰願得及暮、
조 필 왈 원 득 급 모

暮必曰願得及朝、
모 필 왈 원 득 급 조

신 28:68

往埃及之途、
왕 애 급 지 도

我曾諭爾、
아 증 유 이

不復見之、
불 복 견 지

耶和華必使
야 화 화 필 사

爾駕舟復返、
이 가 주 복 반

在彼自鬻於敵、
재 피 자 죽 어 적

爲僕爲婢、
위 복 위 비

無人市爾、
무 인 시 이

申命記 第二十九章
신 명 기 제 이 십 구 장

신 29:1

耶和華在何烈、
야 화 화 재 하 렬

與以色列人立約、
여 이 색 열 인 립 약

此外又在摩押、
차 외 우 재 마 압

諭摩西與以色列
유 마 서 여 이 색 열

人立約、
인 립 약

其言如左、
기 언 여 좌

신 29:2

摩西召以色列衆、
마 서 소 이 색 열 중

告之曰、
고 지 왈

昔爾目擊耶和華
석 이 목 격 야 화 화

在埃及、
재 애 급

行於法老與臣、
행 어 법 로 여 신

及其全地之事、
급 기 전 지 지 사

신 29:3

卽大試鍊、
즉 대 시 련

與異蹟奇事、
여 이 적 기 사

爾所見者、
이 소 견 자

신 29:4

惟至今日、
유 지 금 일

耶和華未嘗賜
야화화미상사

爾心能明、
이심능명

目能見、
목능견

耳能聽、
이능청

신29:5

我導爾於野、
아도이어야

歷四十年、
력사십년

爾衣在身而不敝、
이의재신이불폐

爾履在足而不壞、
이리재족이불괴

신29:6

餅則未食、
병칙미식

清酒醇醪未飲、
청주순료미음

使爾知耶和華
사이지야화화

乃爾之祆上帝、
내 이 지 천 상 제

신 29:7

爾曹至此地、
이 조 지 차 지

希實本王西宏、
희 실 본 왕 서 굉

巴珊王噩、
파 산 왕 악

出與我戰、
출 여 아 전

而我擊之、
이 아 격 지

신 29:8

據有其地、
거 유 기 지

給於流便迦
급 어 류 편 가

得二支派、
득 이 지 파

及瑪拿西
급 마 나 서

支派之半、
지 파 지 반

以爲恒業、
이 위 긍 업

신 29:9

故當遵行
고 당 준 행

此約之言、
차 약 지 언

使凡所爲、
사 범 소 위

無不亨通、○
무 불 형 통

신 29:10

今爾有衆、
금 이 유 중

牧伯、
목 백

族長、
족 장

長老、
장 로

有司、
유 사

以色列諸丁男、
이 색 열 제 정 남

신 29:11

爾之子女妻室、
이 지 자 녀 처 실

營中賓旅、
영 중 빈 려

自采薪者、
자 채 신 자

及汲水者、
급 급 수 자

俱立於爾祆上帝
구 립 어 이 천 상 제

耶和華前、
야 화 화 전

신 29:12

使爾與於爾祆上帝耶
사 이 여 어 이 천 상 제 야

和華之約與誓、
화 화 지 약 여 서

卽其今日與
즉 기 금 일 여

爾所立者、
이 소 립 자

신 29:13

彼以爾爲己民、
피 이 이 위 기 민

己爲爾之祆上帝、
기 위 이 지 천 상 제

踐其前言、
천 기 전 언

循其與爾列祖
순 기 여 이 열 조

亞伯拉罕以撒
아 백 랍 한 이 살

雅各所誓者、
아 각 소 서 자

신 29:14

此約與誓、
차 약 여 서

我不第與爾
아 불 제 여 이

曹立也、
조 립 야

신 29:15

凡今日於我祆上帝
범 금 일 어 아 천 상 제

耶和華前、
야 화 화 전

與我同在、
여 아 동 재

及不同在者、
급 불 동 재 자

亦與立之、
역 여 립 지

신 29:16

昔我儕居埃及、
석 아 제 거 애 급

曁經歷諸邦、
기 경 력 제 방

爾所知也、
이 소 지 야

신 29:17

其中所可憎者、
기 중 소 가 증 자

木石金銀偶像、
목 석 금 은 우 상

爾亦見之、
이 역 견 지

신 29:18

此約之立、
차 약 지 립

以免爾中男女、
이 면 이 중 남 녀

宗族支派、
종 족 지 파

今日中心違棄
금 일 중 심 위 기

我祆上帝耶和華、
아 천 상 제 야 화 화

往事斯族之神、
왕 사 사 족 지 신

致有荼毒之根、
치 유 도 독 지 근

生於爾中、
생 어 이 중

신29:19

聞此詛言、
문 차 저 언

猶中心自慰曰、
유 중 심 자 위 왈

我雖剛愎自用、
아 수 강 퍅 자 용

渴時痛飲、
갈 시 통 음

亦可獲安、
역 가 획 안

신29:20

若此者、
약 차 자

耶和華必不赦宥、
야 화 화 필 불 사 유

其怒與忌、
기 노 여 기

如烟之出、
여 연 지 출

必攻斯人、
필 공 사 인

以書所載之詛、
이 서 소 재 지 저

加乎其身、
가 호 기 신

塗其名於天下、
도 기 명 어 천 하

신 29:21

在以色列諸
재 이 색 열 제

支派中、
지 파 중

耶和華必區別之、
야 화 화 필 구 별 지

循律書所載
순 률 서 소 재

約中之詛言、
약 중 지 저 언

加以禍害、
가 이 화 해

신 29:22

爾後世子孫、
이 후 세 자 손

及彼遠人、
급 피 원 인

見此地之災、
견 차 지 지 재

曁耶和華所
기 야 화 화 소

降之疾、
강 지 질

신 29:23

又見硫磺與鹽、
우 견 류 광 여 염

火焚徧地、
화 분 편 지

不種不產、
불 종 불 산

不生草萊、
불 생 초 래

如所多瑪、
여 소 다 마

蛾摩拉、
아 마 랍

押瑪、
압 마

洗扁、
세 편

爲耶和華忿怒
위 야 화 화 분 노

所傾覆者、
소 경 복 자

신 29:24

列邦人皆問曰、
열 방 인 개 문 왈

耶和華何爲
야 화 화 하 위

行此於斯土、
행 차 어 사 토

其怒若是之烈、
기 노 약 시 지 렬

果何故乎、
과 하 고 호

신 29:25

人將對曰、
인 장 대 왈

其祖之祆上帝
기 조 지 천 상 제

耶和華、
야 화 화

導之出埃及時、
도 지 출 애 급 시

與之立約、
여 지 립 약

而彼背之、
이 피 배 지

신 29:26

奉事崇拜他神、
봉 사 숭 배 타 신

素所未識、
소 소 미 식

耶和華亦未嘗
야 화 화 역 미 상

聽其服從者、
청 기 복 종 자

신 29:27

故耶和華
고 야 화 화

震怒斯土、
진 노 사 토

以書所載
이 서 소 재

之詛加之、
지 저 가 지

신29:28

耶和華以氣憤、
야 화 화 이 기 분

忿怒恚恨、
분 노 에 한

拔之斯土、
발 지 사 토

投於異邦、
투 어 이 방

有如今日、
유 여 금 일

신29:29

隱微之事、
은 미 지 사

屬我袄上帝
속 아 천 상 제

耶和華、
야 화 화

惟明顯之事、
유 명 현 지 사

永屬於我、
영 속 어 아

爰及子孫、
원 급 자 손

俾守此律之言、
비 수 차 률 지 언

申命記 第三十章
신 명 기 제 삼 십 장

신 30:1

我所陳於爾
아 소 진 어 이

前之祝與詛、
전 지 축 여 저

旣已臨爾、
기 이 림 이

於爾祆上帝耶和華
어 이 천 상 제 야 화 화

逐爾而至之邦、
축 이 이 지 지 방

追憶此事、
추 억 차 사

신 30:2

與爾子孫、
여 이 자 손

一心一意歸爾
일 심 일 의 귀 이

祆上帝耶和華、
천 상 제 야 화 화

遵從其言、
준 종 기 언

循我今日
순 아 금 일

所諭爾者、
소 유 이 자

신 30:3

則爾祆上帝耶和華
칙 이 천 상 제 아 화 회

將矜恤爾、
장 긍 휼 이

返爾俘囚、
반 이 부 수

自散爾而至之
자 산 이 이 지 지

列邦集爾、
열 방 집 이

신 30:4

爾見逐者
이 견 축 자

至於天涯、
지 어 천 애

爾祆上帝耶和華
이 천 상 제 야 화 화

必由彼集爾、
필 유 피 집 이

攜之而歸、
휴 지 이 귀

신 30:5

爾祖所據之地、
이 조 소 거 지 지

爾祆上帝耶和華
이 천 상 제 야 화 화

必導爾入而得之、
필 도 이 입 이 득 지

降福於爾、
강 복 어 이

俾爾昌熾、
비 이 창 치

較祖尤衆、
교 조 우 중

신 30:6

爾祆上帝耶和華
이 천 상 제 야 화 화

必制爾情欲、
필 제 이 정 욕

爰及子孫、
원 급 자 손

使一心一意愛爾
사 일 심 일 의 애 이

祆上帝耶和華、
천 상 제 야 화 화

致得生存、
치 득 생 존

신 30:7

爾祆上帝耶和華、
이 천 상 제 야 화 화

必以是詛、
필 이 시 저

加諸爾敵、
가 제 이 적

及憾爾迫爾者、
급 감 이 박 이 자

신 30:8

爾將旋歸、
이 장 선 귀

聽從耶和華之言、
청 종 야 화 화 지 언

遵行其誡、
준 행 기 계

我今日所諭爾者、
아 금 일 소 유 이 자

신 30:9-10

爾若聽從爾祆上帝
이 약 청 종 이 천 상 제

耶和華之言、
야 화 화 지 언

守此律書所
수 차 률 서 소

載之誡命典章、
재 지 계 명 전 장

一心一意歸爾
일 심 일 의 귀 이

祆上帝耶和華、
천 상 제 야 화 화

則爾祆上帝耶和華
칙 이 천 상 제 야 화 화

必於凡爾所爲、
필 어 범 이 소 위

錫以福祉、
석 이 복 지

身之所生、
신 지 소 생

畜之所出、
축 지 소 출

土之所產、
토 지 소 산

盡皆蕃衍、
진 개 번 연

耶和華心復悅爾、
야 화 화 심 복 열 이

錫以福祉、
석 이 복 지

如昔悅爾祖然、
여 석 열 이 조 연

신 30:11

我今諭爾之誡、
아 금 유 이 지 계

行之非難、
행 지 비 난

離爾非遠、
리 이 비 원

신 30:12

不在天上、
불 재 천 상

致爾自謂、
지 이 자 위

誰升天擕之以至、
수 승 천 휴 지 이 지

使我聞而行之、
사 아 문 이 행 지

신 30:13

不在海外、
불 재 해 외

致爾自謂、
치 이 자 위

誰濟海擕之以至、
수 제 해 휴 지 이 지

使我聞而行之、
사 아 문 이 행 지

신 30:14

斯道密邇乎爾、
사 도 밀 이 호 이

在爾口、
재 이 구

在爾心、
재 이 심

俾爾行之、○
비 이 행 지

신 30:15

我今日以生與福、
아 금 일 이 생 여 복

死與禍、
사 여 화

陳於爾前、
진 어 이 전

신 30:16

諭爾愛爾祆上帝
유 이 애 이 천 상 제

耶和華、
야 화 화

遵行其道、
준 행 기 도

守其誡命、
수 기 계 명

典章律例、
전 장 률 례

致得生存昌熾、
치 득 생 존 창 치

爾祆上帝耶和華於
이 천 상 제 야 화 화 어

爾所入而據之地、
이 소 입 이 거 지 지

錫爾以嘏、
석 이 이 하

신 30:17

如爾中心違離、
여 이 중 심 위 리

不欲聽從、
불 욕 청 종

爲人所誘、
위 인 소 유

崇事他神、
숭 사 타 신

신 30:18

我今告爾、
아 금 고 이

爾必滅亡、
이 필 멸 망

於渡約但
어 도 약 단

而得之地、
이 득 지 지

不得延年、
불 득 연 년

신 30:19

我今呼籲
아 금 호 유

天地爲證、
천 지 위 증

以生死祝詛、
이 생 사 축 저

陳於爾前、
진 어 이 전

爾其選生、
이 기 선 생

俾爾及爾子孫、
비 이 급 이 자 손

得以生存、
득 이 생 존

신 30:20

且愛爾祆上帝
차 애 이 천 상 제

耶和華、
야 화 화

聽從其言、
청 종 기 언

而依附之、
이 의 부 지

蓋耶和華爲
개 야 화 화 위

爾生命、
이 생 명

及爾延年之由、
급 이 연 년 지 유

使爾居於其所誓
사 이 거 어 기 소 서

賜爾祖亞伯拉罕
사 이 조 아 백 랍 한

以撒雅各之地、
이 살 아 각 지 지

申命記 第三十一章
신 명 기 제 삼 십 일 장

신 31:1

摩西以斯言告
마 서 이 사 언 고

以色列衆曰、
이 색 열 중 왈

신 31:2

我今百有
아 금 백 유

二十歲矣、
이 십 세 의

不復能出
불 복 능 출

入於爾中、
입 어 이 중

耶和華亦曾
야 화 화 역 증

諭我曰、
유 아 왈

爾不得渡此約但、
이 불 득 도 차 약 단

신 31:3

爾祆上帝耶和華
이 천 상 제 야 화 화

爲爾先導、
위 이 선 도

殲斯族於爾前、
섬 사 족 어 이 전

使爾據有其地、
사 이 거 유 기 지

約書亞必
약 서 아 필

導爾濟河、
도 이 제 하

如耶和華所言、
여 야 화 화 소 언

신 31:4

耶和華翦滅亞摩利
야 화 화 전 멸 아 마 리

二王西宏與噩、
이 왕 서 굉 여 악

及其國、
급 기 국

亦必如是待斯族、
역 필 여 시 대 사 족

신 31:5

耶和華旣
야 화 화 기

付之於爾、
부 지 어 이

當如我所諭
당 여 아 소 유

而待之、
이 대 지

신 31:6

强乃志、
강 내 지

壯乃心、
장 내 심

勿畏葸、
물 외 사

勿恐惶、
물 공 황

爾祆上帝耶和華
이 천 상 제 야 화 화

與爾偕往、
여 이 해 왕

不棄爾、
불 기 이

不遺爾、
불 유 이

신 31:7

摩西召約書亞、
마 서 소 약 서 아

於以色列衆
어 이 색 열 중

前諭之曰、
전 유 지 왈

强乃志、
강 내 지

壯乃心、
장 내 심

爾必與民偕往、
이 필 여 민 해 왕

入耶和華誓
입 야 화 화 서

賜其祖之地、
사 기 조 지 지

使得爲業、
사 득 위 업

신31:8

耶和華爲爾先導、
야화화위이선도

與爾同在、
여이동재

不棄爾、
불기이

不遺爾、
불유이

勿畏懼、
물외구

勿驚惶、○
물경황

신31:9

摩西書此律、
마서서차률

授畀耶和華約匱
수여야화화약궤

之利未人祭司、
지리미인제사

及以色列長老、
급이색열장로

신31:10

諭之曰、
유지왈

每七載、
매 칠 재

豁免年、
활 면 년

構廬節期、
구 려 절 기

신 31:11

以色列衆咸至、
이 색 열 중 함 지

覲爾祆上帝耶和華
근 이 천 상 제 야 화 화

於其所選之處、
어 기 소 선 지 처

當誦此律、
당 송 차 률

使衆聞之、
사 중 문 지

신 31:12

集民男女幼稚、
집 민 남 녀 유 치

及旅於爾邑者、
급 려 어 이 읍 자

俾其聽之、
비 기 청 지

學習寅畏爾祆上帝
학 습 인 외 이 천 상 제

耶和華、
야 화 화

遵守此律之言、
준 수 차 률 지 언

신 31:13

子女尚無識者、
자 녀 상 무 식 자

亦使聽之、
역 사 청 지

學習畢生寅畏爾
학 습 필 생 인 외 이

祆上帝耶和華、
천 상 제 야 화 화

於渡約但
어 도 약 단

而得之地、○
이 득 지 지

신 31:14

耶和華諭摩西曰、
야 화 화 유 마 서 왈

爾之死期伊邇、
이 지 사 기 이 이

當召約書亞
당 소 약 서 아

偕詣會幕、
해 예 회 막

我將付託之、
아 장 부 탁 지

摩西與約書
마 서 여 약 서

亞乃詣會幕、
아 내 예 회 막

신 31:15

耶和華乘云
야 화 화 승 운

柱見於幕中、
주 견 어 막 중

云柱止於幕門、
운 주 지 어 막 문

신 31:16

耶和華諭摩西曰、
야 화 화 유 마 서 왈

爾與列祖偕眠、
이 여 열 조 해 면

斯民必於
사 민 필 어

所至之地、
소 지 지 지

徇欲從異族之神、
순 욕 종 이 족 지 신

離棄我、
리 기 아

背我與立之約、
배 아 여 립 지 약

신 31:17

是日我必怒
시 일 아 필 노

而棄之、
이 기 지

掩面不顧、
엄 면 불 고

使被吞噬、
사 피 탄 서

多遭災禍、
다 조 재 화

時彼必曰、
시 피 필 왈

此災臨我、
차 재 림 아

豈非以我祆上帝
기 비 이 아 천 상 제

不在我中乎、
불 재 아 중 호

신 31:18

因其轉從他神、
인 기 전 종 타 신

行此惡事、
행 차 악 사

我必掩面不顧之、
아 필 엄 면 불 고 지

신 31:19

故當作歌、
고 당 작 가

教以色列人、
교 이 색 열 인

使其口誦、
사 기 구 송

以爲之證、
이 위 지 증

신 31:20

我所誓許其祖流乳
아 소 서 허 기 조 류 유

與蜜之地、
여 밀 지 지

旣導之入、
기 도 지 입

彼得飽食、
피득포식

身體豐肥、
신체풍비

斯時也、
사시야

彼轉從他神、
피전종타신

藐視乎我、
막시호아

背我之約、
배아지약

신 31:21

洎乎多遭災禍、
계호다조재화

斯歌在其
사가재기

後裔之口、
후예지구

尙未遺忘、
상미유망

必爲其證、
필위기증

蓋我未導之入
개아미도지입

所誓賜之地、
소 서 사 지 지

已知其所圖、
이 지 기 소 도

신 31:22

當日摩西作歌、
당 일 마 서 작 가

教以色列人、
교 이 색 열 인

신 31:23

耶和華諭嫩之
야 화 화 유 눈 지

子約書亞曰、
자 약 서 아 왈

强乃志、
강 내 지

壯乃心、
장 내 심

爾將導以色列人入
이 장 도 이 색 열 인 입

我所誓賜之地、
아 소 서 사 지 지

我必偕爾、○
아 필 해 이

신 31:24

摩西以此律言、
마서이차률언

書之既畢、
서지기필

신 31:25

遂諭舁耶和華約
수유여야화화약

匱之利未人曰、
궤지리미인왈

신 31:26

以此律書、
이차률서

置於爾祆上帝耶和
치어이천상제야화

華約匱之側、
화약궤지측

爲證於爾、
위증어이

신 31:27

蓋我知爾悖
개아지이패

逆強項、
역강항

我今猶存、
아금유존

與爾同在、
여 이 동 재

爾尚悖逆耶和華、
이 상 패 역 야 화 화

況我歿後乎、
황 아 몰 후 호

신 31:28

當使爾支派之
당 사 이 지 파 지

長老有司咸集、
장 로 유 사 함 집

我將以此言告之、
아 장 이 치 언 고 지

呼籲天地、
호 유 천 지

於彼為證、
어 피 위 증

신 31:29

我知我死之後、
아 지 아 사 지 후

爾必自壞、
이 필 자 괴

離我所諭之道、
리 아 소 유 지 도

至於末期、
지어말기

災禍必臨爾身、
재화필림이신

因爾行耶和華所
인이행야화화소

視爲惡者、
시위악자

爾之所爲、
이지소위

激其震怒、
격기진노

신31:30

摩西盡誦歌詞、
마서진송가사

使以色列
사이색열

會衆聽聞、
회중청문

申命記 第三十二章
신명기 제상십이장

신32:1

天其側耳、
천기측이

我將有言、
아 장 유 언

地其聽我
지 기 청 아

口中之語、
구 중 지 어

신 32:2

我道淋漓若雨、
아 도 림 리 약 우

我言滴瀝如露、
아 언 적 력 여 로

猶小雨之潤草、
유 소 우 지 윤 초

似時雨之灌蔬、
사 시 우 지 관 소

신 32:3

我將揚耶和華
아 장 양 야 화 화

之名、
지 명

爾其稱我祆上帝
이 기 칭 아 천 상 제

爲大、
위 대

신 32:4

維彼磐石、
유 피 반 석

其工純全、
기 공 순 전

其道正直、
기 도 정 직

祆上帝誠實旡妄、
천 상 제 성 실 기 망

公正無私、
공 정 무 사

신 32:5

惟此世代、
유 차 세 대

乖戾邪曲、
괴 려 사 곡

對於祆上帝、
대 어 천 상 제

行事邪僻、
행 사 사 벽

弗爲其子、
불 위 기 자

乃爲點汚、
내 위 점 오

신 32:6

愚昧無知之民、
우 매 무 지 지 민

報耶和華
보 야 화 화

乃如是乎、
내 여 시 호

彼非爾父
피 비 이 부

而購爾乎、
이 구 이 호

彼乃造爾立爾、
피 내 조 이 립 이

신 32:7

追憶往古之日、
추 억 왕 고 지 일

思念歷代之年、
사 념 력 대 지 년

問於爾父、
문 어 이 부

彼必示爾、
피 필 시 이

詢諸長老、
순 제 장 로

彼必告爾、
피 필 고 이

신 32:8

至高者使
지 고 자 사

諸族得業、
제 족 득 업

俾世人散處、
비 세 인 산 처

爰定列邦之疆域、
원 정 열 방 지 강 역

循以色列之人數、
순 이 색 열 지 인 수

신 32:9

耶和華之分
야 화 화 지 분

乃其庶民、
내 기 서 민

雅各爲其恆業、
아 각 위 기 긍 업

신 32:10

彼遇之於
피 우 지 어

荒漠之地、
황 막 지 지

獸嘷之野、
수 호 지 야

護衛之、
호 위 지

眷顧之、
권 고 지

保之如眸子、
보 지 여 모 자

신 32:11

如鷹攪巢、
여 응 교 소

振翮於雛、
진 핵 어 추

舒翼以引、
서 익 이 인

負之其上、
부 지 기 상

신 32:12

獨耶和華導之、
독 야 화 화 도 지

無異族之神偕在、
무 이 족 지 신 해 재

신 32:13

使其駕行
사 기 가 행

地之高處、
지 지 고 처

食田所產、
식 전 소 산

慊巖穴所出之蜜、
암 혈 소 출 지 밀

哺堅石所產之油、
포 견 석 소 산 지 유

신 32:14

使食牛酪、
사 식 우 락

羊乳羔脂、
양 유 고 지

及巴珊之牡綿羊、
급 파 산 지 모 면 양

牡山羊、
모 산 양

至嘉之麥、
지 가 지 맥

亦飲葡萄之汁、
역 음 포 도 지 즙

신 32:15

耶書崙豐
야 서 륜 풍

肥而奔踶、
비 이 분 제

碩大而光澤、
석 대 이 광 택

乃違離造之
내 위 리 조 지

之祆上帝、
지 천 상 제

藐視救之之磐石、
막 시 구 지 지 반 석

신 32:16

崇事異族之神、
숭 사 이 족 지 신

以觸其忌、
이 촉 기 기

行作可憎之事、
행 작 가 증 지 사

以激其怒、
이 격 기 노

신 32:17

祭祀鬼魔、
제 사 귀 마

非是祆上帝、
비 시 천 상 제

乃彼素所未識、
내 피 소 소 미 식

新造初立之神、
신 조 초 립 지 신

爾祖未嘗寅畏者、
이 조 미 상 인 외 자

신32:18

產爾之磐石、
산 이 지 반 석

爾不憶之、
이 불 억 지

生爾之天上帝、
생 이 지 천 상 제

爾乃忘之、
이 내 망 지

신32:19

耶和華見而憎之、
야 화 화 견 이 증 지

因其子女
인 기 자 녀

干厥震怒、
간 궐 진 노

신32:20

曰、
왈

我將掩面、
아 장 엄 면

不加眷顧、
불 가 권 고

觀其終局如何、
관 기 종 국 여 하

彼乃乖戾之族、
피 내 괴 려 지 족

無誠信之子女、
무 성 신 지 자 녀

신 32:21

彼以非神
피 이 비 신

者觸我忌、
자 촉 아 기

以虛無者激我怒、
이 허 무 자 격 아 노

我將以異
아 장 이 이

族觸彼忌、
족 촉 피 기

以蚩氓激彼怒、
이 치 맹 격 피 노

신 32:22

蓋我怒如火燎、
개 아 노 여 화 료

燒及陰府、
소 급 음 부

焚燬大地、
분 훼 대 지

曁其出產、
기 기 출 산

燃彼山基、
연 피 산 기

신 32:23

我將以災
아 장 이 재

積於其身、
적 어 기 신

以我之矢、
이 아 지 시

射之務盡、
사 지 무 진

신 32:24

使其因饑而瘦、
사 기 인 기 이 수

因熱而敗、
인 열 이 패

因苦而滅、
인 고 이 멸

害於獸齒、
해 어 수 치

傷於蟲毒、
상 어 충 독

신 32:25

外遭鋒刃、
외 조 봉 인

內受驚惶、
내 수 경 황

少男幼女、
소 남 유 녀

乳子白叟、
유 자 백 수

淪胥以亡、
륜 서 이 망

신 32:26

我曰、
아 왈

將散之於遠方、
장 산 지 어 원 방

絶其志於人間、
절 기 지 어 인 간

신 32:27

第恐敵人激我、
제 공 적 인 격 아

仇人誤視、
구 인 오 시

自謂我手力大、
자 위 아 수 력 대

非耶和華所行、
비 야 화 화 소 행

신 32:28

斯民無謀猷、
사 민 무 모 유

中心無聰慧、
중 심 무 총 혜

신 32:29

願其有智、
원 기 유 지

明乎此事、
명 호 차 사

思厥終局、
사 궐 종 국

신 32:30

若非其磐石鬻之、
약 비 기 반 석 죽 지

耶和華付之、
야 화 화 부 지

則敵一焉能驅千、
칙 적 일 언 능 구 천

二焉能逐萬、
이 언 능 축 만

신 32:31

敵之磐石、
적 지 반 석

不如我之磐石、
불 여 아 지 반 석

此敵自爲證也、
차 적 자 위 증 야

신 32:32

其葡萄樹
기 포 도 수

屬所多瑪、
속 소 다 마

産自蛾摩拉田、
산 자 아 마 랍 전

其果如膽、
기 과 여 담

其穗甚苦、
기 수 심 고

신 32:33

其酒乃蛇之毒、
기 주 내 사 지 독

蝮之惡毒、
복 지 악 독

신 32:34

其惡非積於我前、
기 악 비 적 어 아 전

封於我庫乎、
봉 어 아 고 호

신 32:35

伸寃在我、
신 원 재 아

其足蹪時、
기 족 지 시

我必報之、
아 필 보 지

禍日伊邇、
화 일 이 이

災難速臨、
재 난 속 림

신 32:36

耶和華見其
야 화 화 견 기

民之力已廢、
민 지 력 이 폐

被束者、
피 속 자

自由者、
자 유 자

靡有孑遺、
미 유 혈 유

必爲其民伸寃、
필 위 기 민 신 원

爲其僕回意、
위 기 복 회 의

신 32:37

曰、
왈

彼之神安在、
피 지 신 안 재

所恃之磐石奚存、
소 시 지 반 석 해 존

신 32:38

饗爾祭牲之脂、
향 이 제 생 지 지

飲爾灌祭之酒者、
음 이 관 제 지 주 자

其起而助爾護爾、
기 기 이 조 이 호 이

신 32:39

當知我之爲我、
당 지 아 지 위 아

無神偕我、
무 신 해 아

我使人死、
아 사 인 사

亦使人生、
역 사 인 생

我傷之、
아 상 지

亦醫之、
역 의 지

無能拯於我手、
무 능 증 어 아 수

신 32:40

我向天擧手曰、
아 향 천 거 수 왈

我指永生而誓、
아 지 영 생 이 서

신 32:41

倘礪閃爍之刃、
당 려 섬 삭 지 인

施行審鞫、
시 행 심 국

敵我者、
적 아 자

我必罰之、
아 필 벌 지

憾我者、
감 아 자

我必報之、
아 필 보 지

신 32:42

必使我矢醉於血、
필 사 아 시 취 어 혈

我刃呑厥肉、
아 인 탄 궐 육

卽被虜見殺
즉 피 로 견 살

者之血、
자 지 혈

敵魁頭顱之肉、
적 괴 두 로 지 육

신 32:43

爾列族歟、
이 열 족 여

當與其民同樂、
당 여 기 민 동 악

蓋彼必爲其
개 피 필 위 기

僕之血伸寃、
복 지 혈 신 원

報復厥敵、
보 복 궐 적
必爲其地與
필 위 기 지 여
民贖罪、○
민 속 죄

신32:44
摩西與嫩之
마 서 여 눈 지
子約書亞、
자 약 서 아
以此歌詞、
이 차 가 사
誦與以色列民、
송 여 이 색 열 민

신32:45
誦之既畢、
송 지 기 필

신32:46
摩西謂之曰、
마 서 위 지 왈
我今日告爾之詞、
아 금 일 고 이 지 사
當存於心、
당 존 어 심

命爾子孫、
명 이 자 손

遵守斯律之言、
준 수 사 률 지 언

신 32:47

此事於爾、
차 사 어 이

所關非淺、
소 관 비 천

乃爾之生命、
내 이 지 생 명

由此得以延年、
유 차 득 이 연 년

於渡約但
어 도 약 단

而得之地、 ○
이 득 지 지

신 32:48

當日耶和華
당 일 야 화 화

諭摩西曰、
유 마 서 왈

신 32:49

摩押地、
마 압 지

耶利哥相對之所、
야 리 가 상 대 지 소

亞巴琳山、
아 파 림 산

尼波崗、
니 파 강

爾其陟之、
이 기 척 지

瞻望迦南、
첨 망 가 남

我所錫於以色列
아 소 석 어 이 색 열

族爲業之地、
족 위 업 지 지

신 32:50

爾旣陟之、
이 기 척 지

必死於彼、
필 사 어 피

而歸乃祖、
이 귀 내 조

如爾兄亞倫
여 이 형 아 륜

死於何珥山、
사 어 하 이 산

而歸其祖然、
이귀기조연

신32:51
昔在尋野、
석재심야
加低斯米利巴水、
가저사미리파수
爾曹不於以色列
이조불어이색열
人中、
인중
尊我爲聖、
존아위성
干罪於我、
간죄어아

신32:52
故我所錫以色列
고아소석이색열
族之地、
족지지
爾惟遙觀、
이유요관
不得入之、
불득입지

申命記第三十三章
신 명 기 제 삼 십 삼 장

신 33:1
祆上帝僕摩西、
천 상 제 복 마 서
於未死之先、
어 미 사 지 선
爲以色列人祝嘏、
위 이 색 열 인 축 하

신 33:2
曰、
왈
耶和華至自西乃、
야 화 화 지 자 서 내
起自西珥、
기 자 서 이
著自巴蘭、
저 자 파 란
來自萬聖、
래 자 만 성
法律出其右手、
법 률 출 기 우 수
勢如烈火、
세 여 렬 화

신 33:3

彼眷愛斯民、
피 권 애 사 민

衆聖在其手中、
중 성 재 기 수 중

坐其足下、
좌 기 족 하

領受其言、
령 수 기 언

신 33:4

摩西命以法律、
마 서 명 이 법 률

爲雅各會衆
위 아 각 회 중

之恆業、
지 긍 업

신 33:5

彼於耶書崙爲王、
피 어 야 서 륜 위 왕

民之族長咸集、
민 지 족 장 함 집

以色列支派
이 색 열 지 파

皆就之、○
개 취 지

신 33:6

願流便生存不死、
원 류 편 생 존 불 사

惟人數維寡、○
유 인 수 유 과

신 33:7

論猶大則曰、
론 유 대 칙 왈

耶和華歟、
야 화 화 여

俯聽猶大之呼籲、
부 청 유 대 지 호 유

導歸故族、
도 귀 고 족

彼以手爲己搏戰、
피 이 수 위 기 박 전

爾必助之攻敵、○
이 필 조 지 공 적

신 33:8

論利未則曰、
론 리 미 칙 왈

耶和華歟、
야 화 화 여

爾之土明烏陵、
이 지 토 명 오 릉

與爾聖者偕、
여 이 성 자 해

爾於瑪撒試之、
이 어 마 살 시 지

於米利巴水
어 미 리 파 수

與之爭、
여 지 쟁

신 33:9

言及父母、
언 급 부 모

彼曰我未見之、
피 왈 아 미 견 지

不認兄弟、
불 인 형 제

不識子女、
불 식 자 녀

乃因遵行爾命、
내 인 준 행 이 명

謹守爾約、
근 수 이 약

신 33:10

彼將以爾律例
피 장 이 이 률 례

教雅各、
교 아 각

以爾法律誨
이 이 법 률 회

以色列、
이 색 열

焚香於爾前、
분 향 어 이 전

獻全牲燔祭
헌 전 생 번 제

於爾壇、
어 이 단

신 33:11

耶和華歟、
야 화 화 여

錫嘏其財物、
석 하 기 재 물

悅納其所爲、
열 납 기 소 위

洞穿其敵、
동 천 기 적

及憾之者之腰、
급 감 지 자 지 요

使不復起、○
사 불 부 기

신 33:12

論便雅憫則曰、
론 편 아 민 칙 왈

耶和華所眷愛者、
야 화 화 소 권 애 자

將安居其側、
장 안 거 기 측

耶和華終日
야 화 화 종 일

庇護之、
비 호 지

使處兩肩之間、 ○
사 처 량 견 지 간

신 33:13

論約瑟則曰、
론 약 슬 칙 왈

願耶和華
원 야 화 화

錫嘏其地、
석 하 기 지

賜以天上之寶、
사 이 천 상 지 보

空際之露、
공 제 지 로

地中之泉、
지 중 지 천

신 33:14

日所生之果、
일 소 생 지 과

月所產之寶、
월 소 산 지 보

신 33:15

古山之上品、
고 산 지 상 품

恆嶽之嘉物、
긍 악 지 가 물

신 33:16

地與其中所
지 여 기 중 소

蘊之珍奇、
온 지 진 기

及居荊棘中者
급 거 형 극 중 자

之恩惠、
지 은 혜

願悉歸於
원 실 귀 어

約瑟之首、
약 슬 지 수

臨於冠兄弟
림 어 관 형 제

者之頂、
자 지 정

신 33:17

彼如牛之首生、
피 여 우 지 수 생

有威可畏、
유 위 가 외

其角如兕角、
기 각 여 시 각

將抵觸異邦、
장 저 촉 이 방

至於地極、
지 어 지 극

以法蓮之萬萬、
이 법 련 지 만 만

瑪拿西之
마 나 서 지

千千是也、○
천 천 시 야

신 33:18

論西布倫則曰、
론 서 포 륜 칙 왈

西布倫歟、
서 포 륜 여

爾出外可歡欣、
이 출 외 가 환 흔

以薩迦歟、
이 살 가 여

爾居幕可喜樂、
이 거 막 가 희 악

신 33:19

必召萬民登山、
필 소 만 민 등 산

奉獻義祭、
봉 헌 의 제

因其必享海
인 기 필 향 해

中之豐裕、
중 지 풍 유

沙中之珍藏、○
사 중 지 진 장

신 33:20

論迦得則曰、
론 가 득 칙 왈

恢廓迦得者、
회 곽 가 득 자

宜頌美焉、
의 송 미 언

迦得伏如牝獅、
가 득 복 여 빈 사

斷傷人之首臂、
단 상 인 지 수 비

신 33:21

彼先選得其業、
피 선 선 득 기 업

乃爲立律
내 위 립 률

者所遺留、
자 소 유 류

遂偕族長而來、
수 해 족 장 이 래

行耶和華之公義、
행 야 화 화 지 공 의

及其與以色列
급 기 여 이 색 열

所立之律例、○
소 립 지 률 례

신 33:22

論但則曰、
론 단 칙 왈

但乃稚獅、
단 내 치 사

踴躍出於巴珊、○
용약출어파산

신33:23

論拿弗他利則曰、
론나불타리칙왈

拿弗他利歟、
나불타리여

沾恩旣足、
첨은기족

受福且盈、
수복차영

由耶和華所賜、
유야화화소사

西方南方、
서방남방

爾其據以爲業、○
이기거이위업

신33:24

論亞設則曰、
론아설칙왈

願亞設因多
원아설인다

子而獲福、
자이획복

爲兄弟所悅納、
위 형 제 소 열 납

浸足於油、
침 족 어 유

신 33:25

爾之楗乃鐵乃銅、
이 지 건 내 철 내 동

爾之力隨
이 지 력 수

日所需、○
일 소 수

신 33:26

耶書崙歟、
야 서 륜 여

無有若祆上帝者、
무 유 약 천 상 제 자

乘云而行、
승 운 이 행

赫赫於天、
혁 혁 어 천

惟爾是輔、
유 이 시 보

신 33:27

永生祆上帝、
영 생 천 상 제

爲爾居所、
위 이 거 소

恆久之臂、
긍 구 지 비

惟爾是扶、
유 이 시 부

逐敵於爾前、
축 적 어 이 전

命爾殄滅之、
명 이 진 멸 지

신 33:28

以色列族、
이 색 열 족

居處綏安、
거 처 수 안

雅各之源、
아 각 지 원

獨在產穀
독 재 산 곡

與酒之地、
여 주 지 지

天滴甘露、
천 적 감 로

신 33:29

以色列歟、
이 색 열 여

爾有福祉、
이 유 복 지

何民若爾、
하 민 약 이

爲耶和華所拯、
위 야 화 화 소 증

彼乃護爾之干、
피 내 호 이 지 간

榮爾之刃、
영 이 지 인

敵必屈伏於爾、
적 필 굴 복 어 이

爾將履其崇邱、
이 장 리 기 숭 구

申命記 第三十四章
신 명 기 제 삼 십 사 장

신 34:1

摩西自摩押平原、
마 서 자 마 압 평 원

登尼波山、
등 니 파 산

陟耶利哥相對之
척 야 리 가 상 대 지

毘斯迦嶺、
비 사 가 령

耶和華示以基列
야 화 화 시 이 기 열

全地、
전 지

至於但境、
지 어 단 경

신 34:2

及拿弗他利全地、
급 나 불 타 리 전 지

以法蓮瑪拿西地、
이 법 련 마 나 서 지

猶大全地、
유 대 전 지

至於西海、
지 어 서 해

신 34:3

南方與椶樹城
남 방 여 종 수 성

耶利哥谷之平原、
야 리 가 곡 지 평 원

至於瑣珥、
지 어 쇄 이

신 34:4

耶和華諭之曰、
야 화 화 유 지 왈
此地乃我所誓於
차 지 내 아 소 서 어
亞伯拉罕
아 백 랍 한
以撒雅各、
이 살 아 각
以賜其後裔者、
이 사 기 후 예 자
我使爾目覩、
아 사 이 목 도
惟不得濟、
유 불 득 제

신 34:5
於是耶和華之僕
어 시 야 화 화 지 복
摩西卒於摩押、
마 서 졸 어 마 압
如耶和華所言、
여 야 화 화 소 언

신 34:6
葬於摩押之谷、
장 어 마 압 지 곡

在伯毘珥相對
재 백 비 이 상 대

之所、
지 소

越至今日、
월 지 금 일

無有知其墓者、
무 유 지 기 묘 자

신 34:7

摩西卒時、
마 서 졸 시

年百有二十、
년 백 유 이 십

其目未眊、
기 목 미 모

其力未衰、
기 력 미 쇠

신 34:8

以色列人於
이 색 열 인 어

摩押平原、
마 압 평 원

爲之哀哭三旬、
위 지 애 곡 삼 순

盈其日數、
영 기 일 수

신 34:9

嫩之子約書亞、
눈 지 자 약 서 아

因摩西曾
인 마 서 증

按手其首、
안 수 기 수

充以智慧之神、
충 이 지 혜 지 신

以色列人聽從之、
이 색 열 인 청 종 지

遵耶和華所諭
준 야 화 화 소 유

摩西之命、
마 서 지 명

신 34:10

此後以色列中、
차 후 이 색 열 중

未有挺生先知、
미 유 정 생 선 지

若摩西者、
약 마 서 자

爲耶和華
위 야 화 화

晤對相識、
오 대 상 식

신34:11

遣之在埃及地、
견 지 재 애 급 지

行異蹟奇事
행 이 적 기 사

於法老、
어 법 로

及其諸臣、
급 기 제 신

與其四境、
여 기 사 경

신34:12

並顯大能之手、
병 현 대 능 지 수

行可畏之事、
행 가 외 지 사

以色列衆目覩、
이 색 열 중 목 도

約 書 亞 記 第 一 章
약 서 아 기 제 일 장

수 1:1

耶 和 華 僕
야 화 화 복

摩 西 死 後、
마 서 사 후

耶 和 華 諭
야 화 화 유

摩 西 從 者、
마 서 종 자

嫩 之 子 約 書 亞 曰、
눈 지 자 약 서 아 왈

수 1:2

我 僕 摩 西 死 矣、
아 복 마 서 사 의

今 爾 與 民 起
금 이 여 민 기

而 濟 此 約 但、
이 제 차 약 단

往我所賜以色列
왕 아 소 사 이 색 열

族之地、
족 지 지

수 1:3

凡爾足所履之處、
범 이 족 소 리 지 처

我悉以錫爾、
아 실 이 석 이

如我昔與
여 아 석 여

摩西所言、
마 서 소 언

수 1:4

自曠野暨利巴嫩、
자 광 야 기 리 파 눈

至伯拉大河、
지 백 랍 대 하

赫族全地、
혁 족 전 지

爰及大海日
원 급 대 해 일

入之所、
입 지 소

咸爲爾境、
함 위 이 경

수 1:5

爾之畢生、
이 지 필 생

無人能禦爾、
무 인 능 어 이

我必偕爾、
아 필 해 이

如昔偕摩西然、
여 석 해 마 서 연

必不遺爾、
필 불 유 이

不棄爾也、
불 기 이 야

수 1:6

强乃心、
강 내 심

壯乃志、
장 내 지

以爾必導斯民、
이 이 필 도 사 민

得我誓賜
득 아 서 사

其祖之地、
기 조 지 지

수 1:7

惟當强乃心、
유 당 강 내 심

壯乃志、
장 내 지

悉守我僕摩
실 수 아 복 마

西命爾之律、
서 명 이 지 률

而遵行之、
이 준 행 지

勿偏於左、
물 편 어 좌

勿偏於右、
물 편 어 우

俾爾無論何往、
비 이 무 론 하 왕

靡不亨通、
미 불 형 통

수 1:8

惟此律書、
유 차 률 서

勿離爾口、
물 리 이 구

晝夜思維、
주 야 사 유

守其所錄、
수 기 소 록

致獲坦途、
치 획 탄 도

而得利達、
이 득 리 달

수 1:9

我豈不命爾乎、
아 기 불 명 이 호

强乃心、
강 내 심

壯乃志、
장 내 지

勿畏葸、
물 외 사

勿恐惶、
물 공 황

無論何往、
무 론 하 왕

爾祆上帝耶和華
이 천 상 제 야 화 화

與爾偕焉、○
여이해언

수1:10

於是約書亞命
어시약서아명

民間有司曰、
민간유사왈

수1:11

巡營諭民、
순영유민

宜備餱糧、
의비후량

三日之內、
삼일지내

必濟約但、
필제약단

入據爾祆上帝耶和
입거이천상제야화

華賜爾爲業之地、
화사이위업지지

수1:12

時、
시

約書亞語流便人、
약서아어류편인

迦得人、
가 득 인

及瑪拿西
급 마 나 서

支派之半曰、
지 파 지 반 왈

수 1:13

爾當追念耶和華僕
이 당 추 념 야 화 화 복

摩西諭爾之言云、
마 서 유 이 지 언 운

爾祇上帝耶和華
이 전 상 제 야 화 화

旣已錫爾綏安、
기 이 석 이 수 안

亦必錫爾斯土、
역 필 석 이 사 토

수 1:14

爾之妻孥牲畜、
이 지 처 노 생 축

可留於約但東、
가 류 어 약 단 동

摩西予爾之地、
마 서 여 이 지 지

惟爾勇士、
유 이 용 사

必皆執兵、
필 개 집 병

先爾兄弟而
선 이 형 제 이

濟以助之、
제 이 조 지

수 1:15

迨耶和華錫
태 야 화 화 석

爾兄弟綏安、
이 형 제 수 안

如錫於爾、
여 석 어 이

使之亦得爾天上帝
사 지 역 득 이 천 상 제

耶和華所賜之地、
야 화 화 소 사 지 지

後乃返得爾業、
후 내 반 득 이 업

即耶和華僕摩西
즉 야 화 화 복 마 서

所予約但東
소 여 약 단 동

日出之地、
일 출 지 지

수 1:16

對曰、
대 왈

凡爾所諭、
범 이 소 유

我必行之、
아 필 행 지

凡爾所遣、
범 이 소 견

我必往焉、
아 필 왕 언

수 1:17

昔我諸事
석 아 제 사

聽從摩西、
청 종 마 서

今亦如是聽從爾、
금 역 여 시 청 종 이

惟願爾祆上帝
유 원 이 천 상 제

耶和華偕爾、
야 화 화 해 이

如偕摩西然、
여 해 마 서 연

수 1:18
凡逆爾命、
범 역 이 명

不遵爾所諭者、
불 준 이 소 유 자

必致之死、
필 치 지 사

惟當強乃心、
유 당 강 내 심

壯乃志、
장 내 지

約書亞記第二章
약 서 아 기 제 이 장

수 2:1
嫩之子約書亞由
눈 지 자 약 서 아 유

什亭潛遣二諜、
십 정 잠 견 이 첩

曰、
왈

往窺其地及
왕 규 기 지 급

耶利哥、
야 리 가

二人遂往、
이 인 수 왕

入宿妓室、
입 숙 기 실

妓名喇合、
기 명 라 합

수 2:2

或告耶利哥王曰、
혹 고 야 리 가 왕 왈

今夜有以色列
금 야 유 이 색 열

人至此察地、
인 지 차 찰 지

수 2:3

耶利哥王遣人
야 리 가 왕 견 인

謂喇合曰、
위 라 합 왈

詣爾入爾室者、
예 이 입 이 실 자

當擕之出、
당 휴 지 출

蓋彼爲察
개피위찰

全地而來、
전지이래

수 2:4

婦匿二人、
부닉이인

則曰、
칙왈

其人誠至此、
기인성지차

我不知其奚自、
아불지기해자

수 2:5

昏暮閉邑門時、
혼모폐읍문시

其人出矣、
기인출의

不知何往、
불지하왕

速追必及、
속추필급

수 2:6

婦已引之陟屋巔、
부이인지척옥전

以所陳麻秸藏之、
이 소 진 마 갈 장 지

수 2:7

使者由約但
사 자 유 약 단

津之道而追、
진 지 도 이 추

旣出、
기 출

邑門遂閉、
읍 문 수 폐

수 2:8

二人未寢、
이 인 미 침

婦陟屋巓就之、
부 척 옥 전 취 지

수 2:9

曰、
왈

耶和華以
야 화 화 이

此地賜爾、
차 지 사 이

我所知也、
아 소 지 야

緣爾之故、
연 이 지 고

吾儕畏懼、
오 제 외 구

斯土之民喪膽、
사 토 지 민 상 담

수 2:10

爾出埃及時、
이 출 애 급 시

耶和華使紅海
야 화 화 사 홍 해

之水涸於爾前、
지 수 학 어 이 전

約但東之亞摩利
약 단 동 지 아 마 리

二王西宏及噩、
이 왕 서 굉 급 악

爲爾所滅、
위 이 소 멸

我已聞之、
아 이 문 지

수 2:11

我儕聞而心怯、
아 제 문 이 심 겁

以爾之故、
이 이 지 고

無不氣餒者、
무 불 기 뇌 자

蓋爾祆上帝
개 이 천 상 제

耶和華、
야 화 화

乃上天下地之
내 상 천 하 지 지

祆上帝也、
천 상 제 야

수 2:12

今我以仁慈待爾、
금 아 이 인 자 대 이

請指耶和華而誓、
청 지 야 화 화 이 서

亦必以仁慈待
역 필 이 인 자 대

我父家、
아 부 가

示我以實證、
시 아 이 실 증

수 2:13

保存我父母、
보 존 아 부 모

兄弟姊妹、
형 제 자 매

及凡所有、
급 범 소 유

拯我性命、
증 아 성 명

免於死亡、
면 어 사 망

수2:14

二人曰、
이 인 왈

爾若不泄我事、
이 약 불 설 아 사

我以己命代爾、
아 이 기 명 대 이

迨耶和華
태 야 화 화

予我地時、
여 아 지 시

我必以仁慈
아 필 이 인 자

誠實待爾、
성 실 대 이

수2:15

婦之居室、
부 지 거 실

在於城垣、
재 어 성 원

遂以繩縋二人、
수 이 승 추 이 인

由牖而下、
유 유 이 하

수2:16

謂之曰、
위 지 왈

當往於山、
당 왕 어 산

免追者遇爾、
면 추 자 우 이

自匿三日、
자 닉 삼 일

迨追者返、
태 추 자 반

然後前行、
연 후 전 행

수2:17

二人曰、
이 인 왈

爾使我所發之誓、
이 사 아 소 발 지 서

我必守之而無咎、
아 필 수 지 이 무 구

수2:18

我儕至斯土時、
아 제 지 사 토 시

爾須以此絳繩、
이 수 이 차 강 승

繫於縋我之牖、
계 어 추 아 지 유

集爾父母兄弟、
집 이 부 모 형 제

及父全家、
급 부 전 가

入於此室、
입 어 차 실

수2:19

凡出爾門、
범 출 이 문

入衢遇害、
입 구 우 해

血歸其首、
혈 귀 기 수

我則無辜、
아 칙 무 고

惟偕居爾家者、
유 해 거 이 가 자

有人害之、
유 인 해 지

血歸我首、
혈 귀 아 수

수2:20

如泄我事、
여 설 아 사

則爾使我
직 이 사 아

所發之誓、
소 발 지 시

與我無與、
여 아 무 여

수2:21

曰、
왈

可如爾言以行、
가 여 이 언 이 행

遂遣之去、
수 견 지 거

以絳繩繫於牖、
이 강 승 계 어 유

수2:22

二人至山、
이 인 지 산

居之三日、
거 지 삼 일

待追者返、
대 추 자 반

追者沿途
추 자 연 도

求之不獲、
구 지 불 획

수2:23

二人下山、
이 인 하 산

濟河而返、
제 하 이 반

至嫩之子約書亞、
지 눈 지 자 약 서 아

以所遇者悉告之、
이 소 우 자 실 고 지

수2:24

又曰、
우 왈

耶和華果以
야 화 화 과 이

全地付我、
전 지 부 아

斯土之民、
사 토 지 민

盡爲我而喪膽、
진 위 아 이 상 담

約書亞記 第三章
약 서 아 기 제 삼 장

수 3:1

約書亞夙興、
약 서 아 숙 흥

偕以色列
해 이 색 열

衆離什亭、
중 리 십 정

至約但、
지 약 단

未濟而宿、
미 제 이 숙

수 3:2

越三日、
월 삼 일

有司巡營、
유 사 순 영

수 3:3

諭民曰、
유 민 왈

爾見利未人祭司
이 견 리 미 인 제 사

舁爾袄上帝耶和
여 이 천 상 제 야 화

華之約匱、
화 지 약 궤

則離爾所、
칙 리 이 소

從諸其後、
종 제 기 후

수 3:4

相距約二千肘、
상 거 약 이 천 주

不可近前、
불 가 근 전

藉知當行之途、
자 지 당 행 지 도

昔爾所未行者、
석 이 소 미 행 자

수 3:5

約書亞告民曰、
약 서 아 고 민 왈

爾當潔己、
이 당 결 기

明日耶和華將
명 일 야 화 화 장

行奇事於爾中、
행 기 사 어 이 중

수 3:6

又告祭司曰、
우 고 제 사 왈

當舁約匱、
당 여 약 궤

先民而濟、
선 민 이 제

祭司遂舁約匱、
제 사 수 여 약 궤

先民而行、
선 민 이 행

수 3:7

耶和華諭約
야 화 화 유 약

書亞曰、
서 아 왈

自今日始、
자 금 일 시

我將使爾爲大
아 장 사 이 위 대

於以色列衆前、
어 이 색 열 중 전

俾知我今偕爾、
비 지 아 금 해 이

如昔偕摩西然、
여 석 해 마 서 연

수 3:8

當命舁約匱
당 명 여 약 궤

之祭司、
지 제 사

至約但濱、
지 약 단 빈

立於水中、
립 어 수 중

수 3:9

約書亞告以色列
약 서 아 고 이 색 열

人曰、
인 왈

爾曹前來、
이 조 전 래

聽爾祆上帝
청 이 천 상 제

耶和華之言、
야 화 화 지 언

수 3:10

又曰、
우 왈

爾可知維生祆上帝
이 가 지 유 생 천 상 제

在於爾中、
새 어 이 중

必於爾前驅逐迦
필 어 이 전 구 축 기

南人、
남 인

赫人、
혁 인

希未人、
희 미 인

比利洗人、
비 리 세 인

革迦撒人、
혁 가 살 인

亞摩利人、
아마리인

耶布斯人、
야포사인

수 3:11

全地主宰之約匱、
전지주재지약궤

先爾而入
선이이입

約但河中、
약단하중

수 3:12

今在以色列
금재이색열

支派中、
지파중

當簡十二人、
당간십이인

每支派一人、
매지파일인

수 3:13

祭司舁全地主宰
제사여전지주재

耶和華之約匱、
야화화지약궤

立足約但水中時、
립 족 약 단 수 중 시

水必斷流、
수 필 단 류

自上而下之水、
자 상 이 하 지 수

必立爲堆、
필 립 위 퇴

수 3:14

民旣離幕、
민 기 리 막

欲濟約但、
욕 제 약 단

祭司舁約匱
제 사 여 약 궤

先民而行、
선 민 이 행

수 3:15

時値收獲、
시 치 수 획

約但水溢於岸、
약 단 수 일 어 안

舁約匱之
여 약 궤 지

祭司至河、
제 사 지 하

足濡於水、
족 유 어 수

수 3:16

自上而下之水、
자 상 이 하 지 수

遂立爲堆、
수 립 위 퇴

相離甚遠、
상 리 심 원

在撒拉但旁之
재 살 랍 단 방 지

亞當邑、
아 당 읍

其流於亞拉巴
기 류 어 아 랍 파

鹽海之水悉絕、
염 해 지 수 실 절

民乃由耶利哥
민 내 유 야 리 가

相對之處而濟、
상 대 지 처 이 제

수 3:17

舁耶和華約
여 야 화 화 약

匱之祭司、
궤 지 제 사

穩立燥土、
온 립 조 토

在約但河中、
재 약 단 하 중

待以色列族
대 이 색 열 족

盡由陸地、
진 유 륙 지

而過約但、
이 과 약 단

約書亞記 第四章
약 서 아 기 제 사 장

수 4:1

民衆旣濟約但、
민 중 기 제 약 단

耶和華諭
야 화 화 유

約書亞曰、
약 서 아 왈

수 4:2

當於民中
당 어 민 중

簡十二人、
간 십 이 인

每支派一人、
매 지 파 일 인

수 4:3

命之曰、
명 지 왈

自約但河中、
자 약 단 하 중

祭司立足之所、
제 사 립 족 지 소

取石十二、
취 석 십 이

攜之過河、
휴 지 과 하

置於今夜宿處、
치 어 금 야 숙 처

수 4:4

約書亞乃召所備
약 서 아 내 소 소 비

之以色列人十二、
지 이 색 열 인 십 이

每支派一人、
매 지 파 일 인

수 4:5

謂之曰、
위 지 왈

入約但河、
입 약 단 하

至爾袄上帝耶和華
지 이 천 상 제 야 화 화

之匱前、
지 궤 전

按以色列
안 이 색 열

支派之數、
지 파 지 수

各取一石、
각 취 일 석

荷之以肩、
하 지 이 견

수 4:6

以爲證於爾中、
이 위 증 어 이 중

異日爾子孫
이 일 이 자 손

問爾曰、
문 이 왈

此石何意、
차 석 하 의

수 4:7

則曰、
칙 왈

昔耶和華之約
석 야 화 화 지 약

匱濟約但、
궤 제 약 단

水絕流於其前、
수 절 류 어 기 전

此石永爲以色列
차 석 영 위 이 색 열

人之誌、
인 지 지

수 4:8

以色列人按其
이 색 열 인 안 기

支派之數、
지 파 지 수

自約但中取
자 약 단 중 취

石十二、
석 십 이

擕至宿處而置之、
휴 지 숙 처 이 치 지

遵耶和華諭
준 야 화 화 유

約書亞之命、
약 서 아 지 명

수 4:9

約書亞又立石十
약 서 아 우 립 석 십

二於約但河中、
이 어 약 단 하 중

在舁約匱祭司
재 여 약 궤 제 사

立足之所、
립 족 지 소

至今猶存、
지 금 유 존

수 4:10

舁匱之祭司
여 궤 지 제 사

立約但中、
립 약 단 중

待耶和華命
대 야 화 화 명

約書亞諭民之事、
약 서 아 유 민 지 사

摩西所命
마 서 소 명

約書亞者、
약 서 아 자

行之已畢、
행 지 이 필

民濟甚速、
민 제 심 속

수 4:11

民既盡濟、
민 기 진 제

耶和華之匱
야 화 화 지 궤

與祭司亦濟、
여 제 사 역 제

爲民目擊、
위 민 목 격

수 4:12

流便人、
류 편 인

迦得人、
가 득 인

及瑪拿西
급 마 나 서

支派之半、
지 파 지 반

遵摩西所言、
준 마 서 소 언

執兵先以色列
집 병 선 이 색 열

人而濟、
인 이 제

수 4:13

備戰者約四萬、
비 전 자 약 사 만

於耶和華前濟河、
어 야 화 화 전 제 하

至耶利哥平原
지 야 리 가 평 원

以待戰、
이 대 전

수 4:14

是日耶和華使
시 일 야 화 화 사

約書亞爲大於
약 서 아 위 대 어
以色列衆前、
이 색 열 중 전
畢生民畏之、
필 생 민 외 지
如畏摩西然、○
여 외 마 서 연

수4:15
耶和華諭
야 화 화 유
約書亞曰、
약 서 아 왈

수4:16
命舁法匱之祭司、
명 여 법 궤 지 제 사
自約但而上、
자 약 단 이 상

수4:17
乃命之曰、
내 명 지 왈
爾其自約但而上、
이 기 자 약 단 이 상

수4:18

舁耶和華約
여 야 화 화 약

匱之祭司、
궤 지 제 사

旣自約但而上、
기 자 약 단 이 상

立足陸地、
립 족 륙 지

河水復流原處、
하 수 복 류 원 처

漲溢於岸如故、
창 일 어 안 여 고

수 4:19

正月十日、
정 월 십 일

民自約但而上、
민 자 약 단 이 상

建營於耶利哥
건 영 어 야 리 가

東界之吉甲、
동 계 지 길 갑

수 4:20

自河中所取
자 하 중 소 취

之十二石、
지 십 이 석

約書亞立
약 서 아 립

之於吉甲、
지 어 길 갑

수 4:21

謂以色列人曰、
위 이 색 열 인 왈

異日爾之子孫、
이 일 이 지 자 손

問其祖父曰、
문 기 조 부 왈

此石何意、
차 석 하 의

수 4:22

可告之曰、
가 고 지 왈

昔以色列人由
석 이 색 열 인 유

陸地過約但、
륙 지 과 약 단

수 4:23

蓋爾袄上帝
개 이 천 상 제

耶和華使約但
야 화 화 사 약 단

水涸於爾前、
수 학 어 이 전

以待爾濟、
이 대 이 제

如昔使紅海
여 석 사 홍 해

涸於我前、
학 어 아 전

以待我濟然、
이 대 아 제 연

수 4:24

使地上億兆、
시 지 상 억 조

皆知耶和華
개 지 야 화 화

手有巨能、
수 유 거 능

俾爾寅畏爾
비 이 인 외 이

祆上帝耶和華、
천 상 제 야 화 화

至於永世、
지 어 영 세

約書亞記 第五章
약 서 아 기 제 오 장

수 5:1

約但西亞摩
약 단 서 아 마

利列王、
리 열 왕

海濱迦南列王、
해 빈 가 남 열 왕

聞耶和華使約但水
문 야 화 화 사 약 단 수

涸於以色列人前、
학 어 이 색 열 인 전

以待其濟、
이 대 기 제

則爲之心怯
칙 위 지 심 겁

而氣餒、○
이 기 뇌

수 5:2

時、
시

耶和華諭
야 화 화 유

約書亞曰、
약 서 아 왈

以石製刀、
이 석 제 도

復爲以色列人
복 위 이 색 열 인

行割、
행 할

수 5:3

約書亞遂
약 서 아 수

以石製刀、
이 석 제 도

爲以色列人行
위 이 색 열 인 행

割於阿珥拉山、
할 어 아 이 랍 산

수 5:4

其所以行此、
기 소 이 행 차

因出埃及之衆、
인 출 애 급 지 중

所有丁男戰士、
소 유 정 남 전 사

出埃及後、
출 애 급 후

皆死於曠
개 사 어 광

野途間也、
야 도 간 야

수 5:5

凡出埃及之民、
범 출 애 급 지 민

俱已受割、
구 이 수 할

惟生於曠野
유 생 어 광 야

途間者、
도 간 자

未之受焉、
미 지 수 언

수 5:6

蓋以色列人
개 이 색 열 인

遊行曠野、
유 행 광 야

歷四十年、
력 사 십 년

迨出埃及民
태출애급민

之戰士皆死、
지전사개사

以其不遵耶和華
이기불준야화화

命故也、
명고야

耶和華昔所
야화화석소

誓於列祖、
서어열조

必錫我儕流乳
필석아제류유

與蜜之地、
여밀지지

今則發誓、
금칙발서

不許見之、
불허견지

수 5:7

彼之子孫、
피지자손

耶和華所
야화화소

使似續者、
사 사 속 자

途間未受割、
도 간 미 수 할

約書亞爲彼行之、
약 서 아 위 피 행 지

수 5:8

行割已畢、
행 할 이 필

民在營中、
민 재 영 중

各居其所、
각 거 기 소

以待痊愈、
이 대 전 유

수 5:9

耶和華諭
야 화 화 유

約書亞曰、
약 서 아 왈

埃及之辱、
애 급 지 욕

我今使之
아 금 사 지

轉離乎爾、
전 리 호 이

故其地名曰吉甲、
고 기 지 명 왈 길 갑

至於今日、○
지 어 금 일

수 5:10

以色列人建營
이 색 열 인 건 영

於吉甲、
어 길 갑

至月之十四日夕、
지 월 지 십 사 일 석

守逾越節於
수 유 월 절 어

耶利哥平原、
야 리 가 평 원

수 5:11

翌日、
익 일

民食其地所產、
민 식 기 지 소 산

無酵之餅、
무 효 지 병

火烘之穀、
화 홍 지 곡

수5:12
旣食其地所産、
기 식 기 지 소 산
翌日瑪那遂止、
익 일 마 나 수 지
以色列人
이 색 열 인
不復得之、
불 복 득 지
是年食迦南
시 년 식 가 남
土産、○
토 산

수5:13
約書亞近
약 서 아 근
耶利哥時、
야 리 가 시
擧目見有一人、
거 목 견 유 일 인
拔刃對立、
발 인 대 립

約 書 亞 就 而 問 曰、
약 서 아 취 이 문 왈

爾 爲 我 乎、
이 위 아 호

爲 敵 乎、
위 적 호

수 5:14

曰、
왈

非 也、
비 야

我 來 爲 耶 和 華
아 래 위 야 화 화

軍 長、
군 장

約 書 亞 遂
약 서 아 수

伏 地 拜 曰、
복 지 배 왈

我 主 諭 僕 何 詞、
아 주 유 복 하 사

수 5:15

耶 和 華 軍 長 曰、
야 화 화 군 장 왈

爾所立者聖地也、
이 소 립 자 성 지 야

解爾足履、
해 이 족 리

約書亞遵命而行、
약 서 아 준 명 이 행

約書亞記 第六章
약 서 아 기 제 륙 장

수 6:1

耶利哥緣
야 리 가 연

以色列人、
이 색 열 인

嚴閉邑門、
엄 폐 읍 문

無人出入、
무 인 출 입

수 6:2

耶和華諭
야 화 화 유

約書亞曰、
약 서 아 왈

我以耶利哥、
아 이 야 리 가

及其王與勇士、
급 기 왕 여 용 사

悉付爾手、
실 부 이 수

수 6:3

爾諸戰士、
이 제 전 사

日當繞城一周、
일 당 요 성 일 주

六日皆然、
육 일 개 연

수 6:4

祭司七人、
제 사 칠 인

當執七角、
당 집 칠 각

行於匱前、
행 어 궤 전

越至七日、
월 지 칠 일

繞城七次、
요 성 칠 차

祭司吹角、
제 사 취 각

수 6:5

吹角聲長、
취 각 성 장

爾曹聞之、
이 조 문 지

衆當大聲而呼、
중 당 대 성 이 호

城垣則圮、
성 원 칙 비

民各直前、
민 각 직 전

수 6:6

嫩之子約書亞
눈 지 자 약 서 아

召諸祭司曰、
소 제 제 사 왈

當舁耶和華約匱、
당 여 야 화 화 약 궤

祭司七人執七角、
제 사 칠 인 집 칠 각

行於匱前、
행 어 궤 전

수 6:7

又諭民曰、
우 유 민 왈

前往繞城、
전 왕 요 성

戰士行於
전 사 행 어

耶和華匱前、
야 화 화 궤 전

수 6:8

諭民已畢、
유 민 이 필

祭司七人執七角、
제 사 칠 인 집 칠 각

行於耶和華
행 어 야 화 화

前而吹之、
전 이 취 지

耶和華約
야 화 화 약

匱隨其後、
궤 수 기 후

수 6:9

戰士行於吹角
전 사 행 어 취 각

之祭司前、
지 제 사 전

後隊行於匱後、
후 대 행 어 궤 후

祭司且行且
제 사 차 행 차

吹其角、
취 기 각

수6:10

約書亞命民曰、
약 서 아 명 민 왈

勿號呼、
물 호 호

勿發聲、
물 발 성

勿出言、
물 출 언

迨我命爾
태 아 명 이

號呼之日、
호 호 지 일

始可號呼、
시 가 호 호

수6:11

遂使耶和華匱
수 사 야 화 화 궤

繞城一次、
요 성 일 차

返營而宿、 ○
반 영 이 숙

수 6:12

詰朝、
힐 조

約書亞夙興、
약 서 아 숙 흥

祭司舁耶和華匱、
제 사 여 야 화 화 궤

수 6:13

祭司七人執七角、
제 사 칠 인 집 칠 각

行於耶和華
행 어 야 화 화

匱前而吹之、
궤 전 이 취 지

戰士行於其前、
전 사 행 어 기 전

後隊行於耶和華
후 대 행 어 야 화 화

匱後、
궤 후

祭司且行且
제 사 차 행 차

吹其角、
취 기 각

수6:14

次日繞城一次、
차 일 요 성 일 차

而返於營、
이 반 어 영

如是者六日、
여 시 자 육 일

수6:15

越至七日、
월 지 칠 일

黎明夙興、
려 명 숙 흥

繞城如前、
요 성 여 전

惟是日七次、
유 시 일 칠 차

수6:16

繞至七次、
요 지 칠 차

祭司吹角、
제 사 취 각

約書亞諭民曰、
약 서 아 유 민 왈

爾其號呼、
이 기 호 호

蓋耶和華
개 야 화 화

以城付爾、
이 성 부 이

수 6:17

城暨所有、
성 기 소 유

必歸耶和華
필 귀 야 화 화

以滅之、
이 멸 지

惟妓喇合、
유 기 라 합

及其全家、
급 기 전 가

可俾生存、
가 비 생 존

以其曾匿我儕所遣
이 기 증 닉 아 제 소 견

之使也、
지 사 야

수6:18

當滅之物、
당 멸 지 물

爾宜愼而遠之、
이 의 신 이 원 지

免取當滅之物、
면 취 당 멸 지 물

使以色列營服
사 이 색 열 영 복

詛而遭禍、
저 이 조 화

수6:19

金銀曁銅鐵諸器、
금 은 기 동 철 제 기

悉歸耶和華爲聖、
실 귀 야 화 화 위 성

入於其庫、
입 어 기 고

수6:20

於是民衆號呼、
어 시 민 중 호 호

祭司吹角、
제 사 취 각

民聞角聲、
민 문 각 성

遂 大 號 呼 、
수 대 호 호

城 垣 則 圮 、
성 원 칙 비

衆 各 直 入 、
중 각 직 입

而 取 其 城 、
이 취 기 성

수 6:21

邑 中 男 女 老 幼 、
읍 중 남 녀 로 유

牛 羊 與 驢 、
우 양 여 려

皆 以 刃 殲 之 、
개 이 인 섬 지

수 6:22

約 書 亞 命 窺
약 서 아 명 규

地 之 二 人 曰 、
지 지 이 인 왈

入 妓 之 室 、
입 기 지 실

以 婦 及 其 所 有 、
이 부 급 기 소 유

擕之而出、
휴 지 이 출

循爾所誓、
순 이 소 서

수6:23

少年二諜遂入、
소 년 이 첩 수 입

以喇合、
이 라 합

與其父母兄弟、
여 기 부 모 형 제

及凡所有、
급 범 소 유

並其親屬、
병 기 친 속

擕之而出、
휴 지 이 출

置以色列營外、
치 이 색 열 영 외

수6:24

衆以火燬其城、
중 이 화 훼 기 성

暨其中所有、
기 기 중 소 유

惟金銀及
유 금 은 급

銅鐵諸器、
동 철 제 기

置於耶和華
치 어 야 화 화

室之庫、
실 지 고

수 6:25

約書亞因妓喇合
약 서 아 인 기 라 합

曾匿所遣窺
증 닉 소 견 규

耶利哥之使、
아 리 기 지 사

故生存之、
고 생 존 지

與其父家、
여 기 부 가

及凡所有、
급 범 소 유

使居以色列中、
사 거 이 색 열 중

至於今日、
지 어 금 일

수6:26

時、
시

約書亞以
약서아이

誓戒衆曰、
서계중왈

起而重建耶利哥
기이중건야리가

城者、
성자

必服詛於耶和華、
필복저어야화화

築基時、
축기시

必喪長子、
필상장자

置門時、
치문시

必喪季子、
필상계자

수6:27

耶和華與
야화화여

約書亞偕、
약서아해

其聲名洋
기 성 명 양

溢乎四方、
일 호 사 방

約書亞記 第七章
약 서 아 기 제 칠 장

수 7:1

以色列人緣當
이 색 열 인 연 당

滅之物而獲罪、
멸 지 물 이 획 죄

蓋猶大支派、
개 유 대 지 파

謝拉曾孫、
사 랍 증 손

撒底孫、
살 저 손

迦米子亞干、
가 미 자 아 간

取當滅之物、
취 당 멸 지 물

致耶和華怒
치 야 화 화 노

以色列人、○
이 색 열 인

수 7:2

約書亞自耶利哥、
약 서 아 자 야 리 가

遣人往伯特利東
견 인 왕 백 특 리 동

近伯亞文之艾、
근 백 아 문 지 애

告之曰、
고 지 왈

往窺其地、
왕 규 기 지

遂往窺之、
수 왕 규 지

수 7:3

返見約書亞曰、
반 견 약 서 아 왈

艾人維寡、
애 인 유 과

毋勞民衆皆往、
무 로 민 중 개 왕

二三千人
이 삼 천 인

斯可擊之、
사 가 격 지

수 7:4

於是約三千人
어 시 약 상 천 인

往彼、
왕 피

爲艾人所敗而遁、
위 애 인 소 패 이 둔

수 7:5

艾人殺其
애 인 살 기

三十六人、
삼 십 육 인

自邑門追之、
자 읍 문 추 지

至示巴琳、
지 시 파 림

擊之於阪、
격 지 어 판

民遂喪膽、
민 수 상 담

荏弱如水、
임 약 여 수

수 7:6

約書亞裂衣、
약 서 아 렬 의

與以色列長老
여 이 색 열 장 로

蒙塵於首、
몽 진 어 수

在耶和華匱前、
재 야 화 화 궤 전

伏地至暮、
복 지 지 모

수 7:7

約書亞曰、
약 서 아 왈

噫、
희

主耶和華歟、
주 야 화 화 여

何爲導斯
하 위 도 사

民過約但、
민 과 약 단

付我於亞摩利
부 아 어 아 마 리

人手、
인 수

以滅我乎、
이 멸 아 호

我願仍居約但東爲
아 원 잉 거 약 단 동 위
幸、
행

수 7:8
主歟、
주 여
以色列人背敵而遁、
이 색 열 인 배 적 이 둔
餘復何言、
여 복 하 언

수 7:9
迦南族與此地
가 남 족 여 차 지
居民聞之、
거 민 문 지
必圍困我、
필 위 곤 아
滅我名於天下、
멸 아 명 어 천 하
而爾爲爾大名、
이 이 위 이 대 명
將何爲耶、
장 하 위 야

수 7:10

耶和華諭
야 화 화 유

約書亞曰、
약 서 아 왈

起、
기

何爲伏地若此、
하 위 복 지 약 차

수7:11
以色列人犯罪、
이 색 열 인 범 죄

背我所命之約、
배 아 소 명 지 약

擅取當滅之物、
천 취 당 멸 지 물

匿於己器、
닉 어 기 기

行竊作僞、
행 절 작 위

수7:12
故以色列人見詛、
고 이 색 열 인 견 저

不能禦敵、
불 능 어 적

背敵而遁、
배 적 이 둔

若不除當滅之物於
약 불 제 당 멸 지 물 어

爾中、
이 중

我必不復偕爾、
아 필 불 복 해 이

수 7:13

起、
기

使民自潔、
사 민 자 결

諭之曰、
유 지 왈

自潔以備明日、
자 결 이 비 명 일

蓋以色列之祆上帝
개 이 색 열 지 천 상 제

耶和華云、
야 화 화 운

以色列歟、
이 색 열 여

爾中匿有當滅之
이 중 닉 유 당 멸 지

物、
물

非先除之、
비 선 제 지

不能禦敵、
불 능 어 적

수7:14

詰朝必循
힐 조 필 순

支派而至、
지 파 이 지

耶和華所取支派、
야 화 화 소 취 지 파

必循宗族而至、
필 순 종 족 이 지

耶和華所取宗族、
야 화 화 소 취 종 족

必循室家而至、
필 순 실 가 이 지

耶和華所取室家、
야 화 화 소 취 실 가

必使盡人而至、
필 사 진 인 이 지

수7:15

被取之人、
피 취 지 인

匿有當滅之物、
닉 유 당 멸 지 물

必毀其人、
필 훼 기 인

及凡所有、
급 범 소 유

緣背耶和華之約、
연 배 야 화 화 지 약

妄爲於以色列
망 위 어 이 색 열

中也、
중 야

수 7:16

翌日、
익 일

約書亞夙興、
약 서 아 숙 흥

使以色列人循其
사 이 색 열 인 순 기

支派而至、
지 파 이 지

取猶大支派、
취 유 대 지 파

수7:17

使猶大宗族至、
사 유 대 종 족 지

而取謝拉族、
이 취 사 랍 족

使謝拉族至、
사 사 랍 족 지

而取撒底、
이 취 살 저

수7:18

使其室家盡
사 기 실 가 진

人而至、
인 이 지

則取猶大支派、
칙 취 유 대 지 파

謝拉曾孫、
사 랍 증 손

撒底孫、
살 저 손

迦米子亞干、
가 미 자 아 간

수7:19

約書亞謂亞干曰、
약 서 아 위 아 간 왈

我子歟、
아 자 여

爾當歸榮於以色列
이 당 귀 영 어 이 색 열

之祆上帝耶和華、
지 천 상 제 야 화 화

向之認罪、
향 지 인 죄

以爾所行告我、
이 이 소 행 고 아

毋隱、
무 은

수 7:20

亞干對曰、
아 간 대 왈

我誠獲罪於以色列
아 성 획 죄 어 이 색 열

之祆上帝耶和華、
지 천 상 제 야 화 화

所行如是、
소 행 여 시

수 7:21

我於所奪之物中、
아 어 소 탈 지 물 중

見有示拿之美衣、
견 유 시 나 지 미 의

及銀二百舍客勒、
급 은 이 백 사 객 륵

金鋌五十舍客勒、
금 정 오 십 사 객 륵

則貪而取之、
칙 탐 이 취 지

今在我幕、
금 재 아 막

匿於地中、
닉 어 지 중

銀在其下、
은 재 기 하

수 7:22

約書亞遣人
약 서 아 견 인

趨至厥幕、
추 지 궐 막

其衣果藏於幕、
기 의 과 장 어 막

銀在其下、
은 재 기 하

수 7:23

乃 自 幕 中 取 出、
내 자 막 중 취 출

攜 至 約 書 亞 及
휴 지 약 서 아 급

以 色 列 衆、
이 색 열 중

置 於 耶 和 華 前、
치 어 야 화 화 전

수 7:24

約 書 亞 同
약 서 아 동

以 色 列 衆、
이 색 열 중

取 謝 拉 裔 亞 干、
취 사 랍 예 아 간

與 銀 衣 金 錠、
여 은 의 금 정

曁 子 女 牛 羊 驢 幕、
기 자 녀 우 양 려 막

及 凡 所 有、
급 범 소 유

攜 至 亞 割 谷、
휴 지 아 갈 곡

수 7:25

約書亞曰、
약 서 아 왈

爾何貽禍我儕、
이 하 이 화 아 제

今日耶和華
금 일 야 화 화

必禍爾、
필 화 이

於是以色列人
어 시 이 색 열 인

以石擊之、
이 석 격 지

以火焚之、
이 화 분 지

及其全家、
급 기 전 가

수 7:26

堆石其上、
퇴 석 기 상

至今猶存、
지 금 유 존

耶和華乃
야 화 화 내

息其烈怒、
식 기 렬 노

故其地名曰
고 기 지 명 왈

亞割谷、
아 할 곡

至於今日、
지 어 금 일

約書亞記 第八章
약 서 아 기 제 팔 장

수 8:1

耶和華諭
야 화 화 유

約書亞曰、
약 서 아 왈

勿畏葸、
물 외 사

勿恐惶、
물 공 황

起率軍旅往艾、
기 솔 군 려 왕 애

我以艾王、
아 이 애 왕

與其民邑地、
여 기 민 읍 지

悉付爾手、
실 부 이 수

수8:2

宜待艾與其王、
의 대 애 여 기 왕

如昔之待耶利哥
여 석 지 대 야 리 가

與其王然、
여 기 왕 연

惟所獲之
유 소 획 지

貨財牲畜、
화 재 생 축

爾曹可取爲己有、
이 조 가 취 위 기 유

當設伏於邑西、
당 설 복 어 읍 서

수8:3

約書亞與
약 서 아 여

軍旅皆起、
군 려 개 기

欲往於艾、
욕 왕 어 애

遂簡勇士三萬、
수 간 용 사 삼 만

夤夜遣之、
인 야 견 지

수 8:4

命之曰、
명 지 왈

伏於邑西、
복 어 읍 서

距城勿甚遠、
거 성 물 심 원

咸備以戰、
함 비 이 전

수 8:5

我與所率民衆、
아 여 소 솔 민 중

近於其邑、
근 어 기 읍

彼必如昔
피 필 여 석

出而攻我、
출 이 공 아

我則遁逃、
아 칙 둔 도

수 8:6

誘之出而追我、
유 지 출 이 추 아

遠離其邑、
원리기읍

自謂其人
자위기인

遁逃如昔、
둔도여석

수8:7

我旣遁逃、
아기둔도

爾則起自伏所、
이칙기자복소

而取其邑、
이취기읍

爾祇上帝耶和華
이천상제야화화

必付之於爾手、
필부지어이수

수8:8

旣取邑、
기취읍

必焚之、
필분지

遵耶和華所言、
준야화화소언

此我所命爾者、
차 아 소 명 이 자

수8:9
約書亞旣遣之、
약 서 아 기 견 지

遂往艾西、
수 왕 애 서

伏於伯特利
복 어 백 특 리

與艾之間、
여 애 지 간

是夜約書亞宿
시 야 약 서 아 숙

於民中、○
어 민 중

수8:10
詰朝、
힐 조

約書亞夙興、
약 서 아 숙 흥

核其民衆、
핵 기 민 중

偕以色列長老、
해 이 색 열 장 로

先民往艾、
선 민 왕 애

수8:11

所從軍旅、
소 종 군 려

近於邑前、
근 어 읍 전

建營艾北、
건 영 애 북

有谷間於營艾、
유 곡 간 어 영 애

수8:12

又簡五千人
우 간 오 천 인

伏於艾西、
복 어 애 서

在伯特利與
재 백 특 리 여

艾之間、
애 지 간

수8:13

民之全軍列
민 지 전 군 열

於邑北、
어 읍 북

伏兵列於邑西、
복 병 열 어 읍 서

是夜約書亞
시 야 약 서 아

至谷中、
지 곡 중

수8:14

艾王見之、
애 왕 견 지

與民夙興、
여 민 숙 흥

急出、
급 출

至亞拉巴前、
지 아 랍 피 전

克期與以色列
극 기 여 이 색 열

人戰、
인 전

不知邑西
불 지 읍 서

有伏兵也、
유 복 병 야

수8:15

約書亞與以色列
약 서 아 여 이 색 열

衆佯爲敗北、
중 양 위 패 북

循野之道而遁、
순 야 지 도 이 둔

수8:16

艾民咸集、
애 민 함 집

追襲約書亞、
추 습 약 서 아

被誘離邑、
피 유 리 읍

수8:17

艾與伯特利、
애 여 백 특 리

不留一男、
불 류 일 남

悉追以色列族、
실 추 이 색 열 족

邑門不閉、
읍 문 불 폐

수8:18

耶和華諭
야 화 화 유

約書亞曰、
약 서 아 왈

以所執之戟指艾、
이 소 집 지 극 지 애

我必付之爾手、
아 필 부 지 이 수

約書亞以戟指之、
약 서 아 이 극 지 지

수8:19

旣擧手、
기 거 수

伏兵急起、
복 병 급 기

離伏所、
리 복 소

趨入邑而取之、
추 입 읍 이 취 지

卽焚以火、
즉 분 이 화

수8:20

艾人回顧、
애 인 회 고

望見邑中
망 견 읍 중

烟焰沖天、
연염충천

欲遁、
욕둔

左右維艱、
좌우유간

遁於野之
둔어야지

以色列人、
이색열인

轉而攻追之者、
전이공추지자

수 8:21

約書亞與
약서아여

以色列衆、
이색열중

見伏兵已取邑、
견복병이취읍

邑中烟焰上騰、
읍중연염상등

反殺艾人、
반살애인

수 8:22

伏兵亦出邑擊之、
복 병 역 출 읍 격 지

艾人困於其中、
애 인 곤 어 기 중

以色列人
이 색 열 인

前後擊之、
전 후 격 지

靡有孑遺、
미 유 혈 유

無得脫者、
무 득 탈 자

수8:23

生擒艾王、
생 금 애 왕

解至約書亞、
해 지 약 서 아

수8:24

以色列人在田野、
이 색 열 인 재 전 야

旣盡殺所
기 진 살 소

追之艾人、
추 지 애 인

使殞於刃、
사운어인

乃返於邑、
내반어읍

以刃屠之、
이인도지

수8:25

是日艾民亡者、
시일애민망자

男女計一
남녀계일

萬二千人、
만이천인

수8:26

蓋約書亞執
개약서아집

戟指艾、
극지애

不縮其手、
불축기수

追及盡滅其民、
태급진멸기민

수8:27

惟邑中之
유읍중지

牲畜貨財、
생 축 화 재

以色列人
이 색 열 인

取而歸己、
취 이 귀 기

遵耶和華諭
준 야 화 화 유

約書亞之命、
약 서 아 지 명

수8:28

約書亞焚艾、
약 서 아 분 애

使永爲邱墟、
사 영 위 구 허

荒廢至今、
황 폐 지 금

수8:29

懸艾王於木、
현 애 왕 어 목

至於暮、
지 어 모

日入時、
일 입 시

循約書亞命、
순 약 서 아 명

取屍下木、
취 시 하 목

投諸邑門、
투 제 읍 문

壘石爲堆、
루 석 위 퇴

至今猶存、○
지 금 유 존

수 8:30

時、
시

約書亞爲以色列
약 서 아 위 이 색 열

之天上帝耶和華、
지 천 상 제 야 화 화

建壇於以巴路山、
건 단 어 이 파 로 산

수 8:31

乃循耶和華僕摩西
내 순 야 화 화 복 마 서

所命以色列人、
소 명 이 색 열 인

摩西律書所載、
마 서 률 서 소 재

以原石未加鐵器者
이 원 석 미 가 철 기 자

建壇、
건 단

民衆爲耶和華獻燔
민 중 위 야 화 화 헌 번

祭、
제

及酬恩祭於其上、
급 수 은 제 어 기 상

수8:32

約書亞在彼、
약 서 아 재 피

於以色列人前、
어 이 색 열 인 전

以摩西所書法律、
이 마 서 소 서 법 률

錄之於石、
록 지 어 석

수8:33

以色列衆、
이 색 열 중

與長老、
여장로

有司、
유사

士師、
사사

或宗族、
혹종족

或賓旅、
혹빈려

咸立於匱之左右、
함립어궤지좌우

在㚷耶和華約匱之
재여야화화약궤지

利未人祭司前、
리미인제사전

其半向基利心山、
기반향기리심산

其半向以巴路山、
기반향이파로산

爲以色列人祝嘏、
위이색열인축하

循耶和華僕摩西
순야화화복마서

所命、
소명

수8:34

厥後、
궐 후

約書亞宣讀律書所
약 서 아 선 독 률 서 소

載祝詛諸言、
재 축 저 제 언

수8:35

摩西所命者、
마 서 소 명 자

約書亞於以色列
약 서 아 어 이 색 열

會衆、
회 중

與其婦孺、
여 기 부 유

及其中賓旅前、
급 기 중 빈 려 전

悉宣讀之、
실 선 독 지

不遺一詞、
불 유 일 사

約書亞記 第九章
약 서 아 기 제 구 장

수 9:1

約但之西、
약 단 지 서

山地、
산 지

窪地、
와 지

及利巴嫩相對
급 리 파 눈 상 대

大海之濱、
대 해 지 빈

赫人、
혁 인

亞摩利人、
아 마 리 인

迦南人、
가 남 인

比利洗人、
비 리 세 인

希未人、
희 미 인

耶布斯人、
야 포 사 인

諸王聞此、
제 왕 문 차

수 9:2

同心會集、
동 심 회 집

欲與約書亞、
욕 여 약 서 아

及以色列族戰、○
급 이 색 열 족 전

수 9:3

基徧居民、
기 편 거 민

聞約書亞所行於
문 약 서 아 소 행 어

耶利哥及艾之事、
야 리 가 급 애 지 사

수 9:4

乃行詭譎、
내 행 궤 휼

佯爲使者、
양 위 사 자

以驢負舊囊、
이 려 부 구 낭

與旣裂復縫之
여 기 렬 복 봉 지

酒革囊、
주 혁 낭

수 9:5

足著舊而且
족 저 구 이 차

補之履、
보 지 리

身服舊衣、
신 복 구 의

所備之餅、
소 비 지 병

則乾而黴焉、
칙 건 이 미 언

수 9:6

至吉甲營、
지 길 갑 영

見約書亞、
견 약 서 아

謂彼與以色列
위 피 여 이 색 열

人曰、
인 왈

我自遠方來、
아 자 원 방 래

請與立約、
청 여 립 약

수 9:7

以色列人謂希未人
이 색 열 인 위 희 미 인

曰、
왈

爾殆居於我中、
이 태 거 어 아 중

焉能與爾立約、
언 능 여 이 립 약

수 9:8

其人謂約書亞曰、
기 인 위 약 서 아 왈

我乃爾僕、
아 내 이 복

約書亞曰、
약 서 아 왈

爾曹何人、
이 조 하 인

奚自而來、
해 자 이 래

수 9:9

曰、
왈

僕緣爾祆上帝
복 연 이 천 상 제

耶和華之名、
야 화 화 지 명

來自極遠之地、
래 자 극 원 지 지

蓋我聞其聲譽、
개 아 문 기 성 예

及其所行於埃及、
급 기 소 행 어 애 급

수9:10

暨所行於約但東
기 소 행 어 약 단 동

之亞摩利二王、
지 아 마 리 이 왕

卽希實本王西宏、
즉 희 실 본 왕 서 굉

都亞斯他錄之
도 아 사 타 록 지

巴珊王噩、
파 산 왕 악

수9:11

我之長老、
아 지 장 로

與我本土居民、
여 아 본 토 거 민

謂我曰、
위 아 왈

當攜途間餱糧、
당 휴 도 간 후 량

往迎之曰、
왕 영 지 왈

我乃爾僕、
아 내 이 복

請與立約、
청 여 립 약

수9:12

我啟行詣爾時、
아 계 행 예 이 시

自家所取之
자 가 소 취 지

餅尚熱、
병 상 열

今則乾而黴矣、
금 칙 건 이 미 의

수9:13

革囊盛酒、
혁 낭 성 주

其時尚新、
기 시 상 신

今則裂矣、
금 칙 렬 의

因路甚遠、
인 로 심 원

衣履悉敝、
의 리 실 폐

수9:14

以色列人
이 색 열 인

遂食其糧、
수 식 기 량

而不諮諏耶和華、
이 불 자 추 야 화 화

수9:15

約書亞與之
약 서 아 여 지

修好立約、
수 호 립 약

容其生存、
용 기 생 존

會中牧伯向之
회 중 목 백 향 지

發誓、
발 서

수9:16

立約後、
립 약 후

越三日、
월 삼 일

聞其爲鄰、
문 기 위 린

居於其中、
거 어 기 중

수 9:17

以色列人啓行、
이 색 열 인 계 행

三日至其邑、
삼 일 지 기 읍

卽基遍、
즉 기 편

基非拉、
기 비 랍

比錄、
비 록

基列耶琳、
기 열 야 림

수 9:18

以色列人不擊之、
이 색 열 인 불 격 지

因其牧伯曾指
인 기 목 백 증 지

以色列之祅上帝
이 색 열 지 천 상 제

耶和華、
야 화 화

向之發誓、
향 지 발 서

會衆遂怨牧伯、
회 중 수 원 목 백

수 9:19

牧伯謂會衆曰、
목 백 위 회 중 왈

我儕旣指以色列
아 제 기 지 이 색 열

之祅上帝耶和華
지 천 상 제 야 화 화

而誓、
이 서

不可害之、
불 가 해 지

수 9:20

旣與之誓、
기 여 지 서

必容其生存、
필 용 기 생 존

免震怒及我、
면 진 노 급 아

수 9:21

又曰、
우 왈

當容其生存、
당 용 기 생 존

於是使爲采薪者、
어 시 사 위 채 신 자

汲水者、
급 수 자

服事會衆、
복 사 회 중

遵牧伯所言、
준 목 백 소 언

수 9:22

約書亞召之曰、
약 서 아 소 지 왈

爾居我中、
이 거 아 중

何言離此甚遠、
하 언 리 차 심 원

以欺我耶、
이 기 아 야

수9:23
因此爾必服詛、
인 차 이 필 복 저
爲奴之人
위 노 지 인
歷世不絕、
력 세 불 절
采薪汲水、
채 신 급 수
以供我祅上帝室、
이 공 아 천 상 제 실

수9:24
對曰、
대 왈
有人確告僕云、
유 인 확 고 복 운
爾祅上帝耶和華
이 천 상 제 야 화 화
曾諭其僕摩西、
증 유 기 복 마 서
以此全地賜爾、
이 차 전 지 사 이

悉滅其民、
실 멸 기 민

故我甚懼、
고 아 심 구

以命難保、
이 명 난 보

遂行是事、
수 행 시 사

수9:25

今我在爾手、
금 아 재 이 수

爾所視爲
이 소 시 위

善爲正者、
선 위 정 자

則行之、
칙 행 지

수9:26

於是約書亞救之、
어 시 약 서 아 구 지

脫於以色列人手、
탈 어 이 색 열 인 수

免遭殺戮、
면 조 살 륙

其待之如此、
기 대 지 여 차

수 9:27
是日使在耶和華
시 일 사 재 야 화 화
所簡之處、
소 간 지 처
爲會衆及耶和華
위 회 중 급 야 화 화
之壇、
지 단
采薪汲水、
채 신 급 수
至於今日、
지 어 금 일

約書亞記 第十章
약 서 아 기 제 십 장

수 10:1
耶路撒冷王
야 로 살 랭 왕
亞多尼洗德、
아 다 니 세 덕
聞約書亞取艾
문 약 서 아 취 애

盡滅之、
진 멸 지

待艾與王、
대 애 여 왕

如昔之待耶利哥
여 석 지 대 야 리 가

及其王然、
급 기 왕 연

亦聞基遍居民與
역 문 기 편 거 민 여

以色列人修好、
이 색 열 인 수 호

而處其中、
이 처 기 중

수 10:2

則懼甚、
칙 구 심

蓋基遍爲大邑、
개 기 편 위 대 읍

如王都、
여 왕 도

較艾尤大、
교 애 우 대

人皆勇士、
인 개 용 사

수 10:3

於是耶路撒冷王
어 시 야 로 살 랭 왕

亞多尼洗德、
아 다 니 세 덕

遣人見希伯崙王
견 인 견 희 백 륜 왕

何咸、
하 함

耶末王毘蘭、
야 말 왕 비 란

拉吉王雅非亞、
랍 길 왕 아 비 아

伊磯倫王底壁、
이 기 륜 왕 저 벽

告之曰、
고 지 왈

수 10:4

其來助我、
기 래 조 아

以擊基遍、
이 격 기 편

因其與約書亞及
인 기 여 약 서 아 급

以色列人修好、
이 색 열 인 수 호

수 10:5

亞摩利五王、
아 마 리 오 왕

卽耶路撒冷王、
즉 야 로 살 랭 왕

希伯崙王、
희 백 륜 왕

耶末王、
야 말 왕

拉吉王、
랍 길 왕

伊磯倫王、
이 기 륜 왕

遂相會集、
수 상 회 집

率諸軍往基遍、
솔 제 군 왕 기 편

建營攻之、
건 영 공 지

수 10:6

基遍人遣使至
기 편 인 견 사 지

吉甲營、
길 갑 영

見約書亞曰、
견 약 서 아 왈

居山之亞摩利
거 산 지 아 마 리

諸王、
제 왕

集以攻我、
집 이 공 아

請爾速來、
청 이 속 래

救助爾僕、
구 조 이 복

勿遲、
물 지

수 10:7

約書亞與軍
약 서 아 여 군

旅勇士、
려 용 사

遂自吉甲而往、
수 자 길 갑 이 왕

수 10:8

耶和華諭
야 화 화 유

約書亞曰、
약 서 아 왈

勿懼之、
물 구 지

我付之於爾手、
아 부 지 어 이 수

無一能禦爾者、
무 일 능 어 이 자

수10:9

約書亞自吉甲
약 서 아 자 길 갑

終夜而行、
종 야 이 행

猝然臨敵、
졸 연 림 적

수10:10

耶和華潰敵於
야 화 화 궤 적 어

以色列人前、
이 색 열 인 전

遂於基遍
수 어 기 편

大行殺戮、
대 행 살 륙

追及伯和侖
주 급 백 화 륜

阪擊之、
판 격 지

至於亞西加、
지 어 아 서 가

瑪基大、
마 기 대

수10:11

適敵遁於以色列
적 적 둔 어 이 색 열

人前、
인 전

在伯和侖阪、
재 백 화 륜 판

耶和華自天降
야 화 화 자 천 강

大雹擊之、
대 박 격 지

至亞西加、
지 아 서 가

死於雹者、
사 어 박 자

較以色列人以
교 이 색 열 인 이

刃殺者尤衆、
인 살 자 우 중

수10:12

耶和華以亞摩利人
야 화 화 이 아 마 리 인

付以色列族之日、
부 이 색 열 족 지 일

約書亞祈禱
약 서 아 기 도

耶和華、
야 화 화

在以色列衆前曰、
재 이 색 열 중 전 왈

日其停於基遍、
일 기 정 어 기 편

月其止於亞雅倫谷
월 기 지 어 아 아 륜 곡

兮、
혜

수10:13

日則停、
일 칙 정

月則止、
월 칙 지

待民復仇於敵、
대 민 복 구 어 적

此事非書於雅煞珥
자 사 비 서 어 아 살 이

紀乎、
기 호

載云、
재 운

日停於天中、
일 정 어 천 중

不速下者竟日、
불 속 하 자 경 일

수 10:14

前乎此、
전 호 차

後乎此、
후 호 차

未有如是之一日、
미 유 여 시 지 일 일

耶和華俯聽人言、
야 화 화 부 청 인 언

爲以色列
위 이 색 열

人戰也、○
인 전 야

수10:15

約書亞與以色列
약 서 아 여 이 색 열

衆返吉甲營、
중 반 길 갑 영

수10:16

五王逃至瑪基大、
오 왕 도 지 마 기 대

匿於穴、
닉 어 혈

수10:17

或告約書亞曰、
혹 고 약 서 아 왈

五王旣遇、
오 왕 기 우

匿於瑪基大穴、
닉 어 마 기 대 혈

수10:18

約書亞曰、
약 서 아 왈

轉大石於穴口、
전 대 석 어 혈 구

使人守之、
사 인 수 지

수10:19

爾衆勿緩、
이 중 물 완

追襲爾敵、
추 습 이 적

擊其後軍、
격 기 후 군

勿容入邑、
물 용 입 읍

爾祆上帝耶和華
이 천 상 제 야 화 화

付之於爾手矣、
부 지 어 이 수 의

수10:20
約書亞與以色列
약 서 아 여 이 색 열

人大行殺戮、
인 대 행 살 륙

而翦滅之、
이 전 멸 지

其餘入於堅城、
기 여 입 어 견 성

수10:21
民則安返
민 칙 안 반

瑪基大營、
마 기 대 영

見約書亞、
견 약 서 아

無人鼓舌、
무 인 고 설

凡以色列族者、
자 이 색 열 족 자

수10:22

約書亞曰、
약 서 아 왈

啓穴口、
게 혈 구

攜五王出而詣我、
휴 오 왕 출 이 예 아

수10:23

遂攜耶路撒冷
수 휴 야 로 살 랭

希伯崙耶末拉吉
희 백 륜 야 말 랍 길

伊磯倫五王、
이 기 륜 오 왕

出穴、
출 혈

詣之、
예 지

수10:24

旣攜詣約書亞、
기 휴 예 약 서 아

約書亞召以色列
약 서 아 소 이 색 열

衆至、
중 지

謂諸軍長曰、
위 제 군 장 왈

來前、
래 전

足踐王頸、
족 천 왕 경

遂前踐之、
수 전 천 지

수10:25

約書亞謂之曰、
약 서 아 위 지 왈

勿畏葸、
물 외 사

勿恐惶、
물 공 황

强乃心、
강 내 심

壯乃志、
장 내 지

耶和華待爾
야 화 화 대 이

所攻之敵、
소 공 지 적

俱必如是、
구 필 여 시

수10:26

厥後、
궐 후

約書亞擊殺之、
약 서 아 격 살 지

懸諸五木、
현 제 오 목

至於日暮、
지 어 일 모

수10:27

日入時、
일 입 시

循約書亞命、
순 약 서 아 명

取屍下木、
취 시 하 목

擲於所匿之穴、
척 어 소 닉 지 혈

置大石於穴口、
치 대 석 어 혈 구

至今猶存、○
지 금 유 존

수 10:28

是日約書亞取
시 일 약 서 아 취

瑪基大、
마 기 대

刃擊其邑與其王、
인 격 기 읍 여 기 왕

滅其居民、
멸 기 거 민

靡有孑遺、
미 유 혈 유

其待瑪基大王、
기 대 마 기 대 왕

如昔之待耶利哥
여 석 지 대 야 리 가

王然、
왕 연

수10:29

約書亞與
약 서 아 여

以色列衆、
이 색 열 중

自瑪基大
자 마 기 대

往攻立拿、
왕 공 립 나

수10:30

耶和華以邑與王、
야 화 화 이 읍 여 왕

付於以色列人手、
부 어 이 색 열 인 수

刃擊其邑、
인 격 기 읍

殺其居民、
살 기 거 민

靡有孑遺、
미 유 혈 유

其待立拿王、
기 대 립 나 왕

如昔之待
여 석 지 대

耶利哥王然、
야 리 가 왕 연

수10:31
約書亞與
약 서 아 여
以色列衆、
이 색 열 중
自立拿往拉吉、
자 립 나 왕 랍 길
建營攻之、
건 영 공 지

수10:32
耶和華以拉吉付
야 화 화 이 랍 길 부
於以色列人手、
어 이 색 열 인 수
翌日取之、
익 일 취 지
擊之以刃、
격 지 이 인
殺其居民、
살 기 거 민
如待立拿然、
여 대 립 나 연

수10:33
時基色王荷蘭
시 기 색 왕 하 란

來助拉吉、
래 조 랍 길

約書亞擊之、
약 서 아 격 지

及其民衆、
급 기 민 중

靡有孑遺、
미 유 혈 유

수 10:34

約書亞與
약 서 아 여

以色列衆、
이 색 열 중

自拉吉往伊磯倫、
자 랍 길 왕 이 기 륜

建營攻之、
건 영 공 지

수 10:35

卽日取之、
즉 일 취 지

擊之以刃、
격 지 이 인

滅其居民、
멸 기 거 민

如待拉吉然、
여 대 랍 길 연

수10:36

約書亞與
약 서 아 여

以色列衆、
이 색 열 중

自伊磯倫往
자 이 기 륜 왕

攻希伯崙、
공 희 백 륜

수10:37

取之、
취 지

刃擊其邑與其王、
인 격 기 읍 여 기 왕

曁厥屬邑、
기 궐 속 읍

殺其居民、
살 기 거 민

靡有孑遺、
미 유 혈 유

如待伊磯倫然、
여 대 이 기 륜 연

其邑與民、
기 읍 여 민

悉翦滅之、
실 전 멸 지

수10:38

約書亞與
약 서 아 여

以色列衆、
이 색 열 중

返攻底壁、
반 공 저 벽

수10:39

取之、
취 지

並取其王、
병 취 기 왕

曁厥屬邑、
기 궐 속 읍

以刃擊之、
이 인 격 지

滅其居民、
멸 기 거 민

靡有孑遺、
미 유 혈 유

其待底壁與其王、
기 대 저 벽 여 기 왕

如待希伯崙立拿
여 대 희 백 륜 립 나

與其王然、
여 기 왕 연

수 10:40

如是約書亞遍
여 시 약 서 아 편

擊四境、
격 사 경

山地、
산 지

山麓、
산 록

南土、
남 토

窪地、
와 지

及其諸王、
급 기 제 왕

靡有孑遺、
미 유 혈 유

凡有氣息者、
범 유 기 식 자

悉翦滅之、
실 전 멸 지

循以色列之祆上帝
순 이 색 열 지 천 상 제

耶和華所命、
야 화 화 소 명

수10:41

自加低斯巴尼亞
자 가 저 사 파 니 아

至迦薩、
지 가 살

又歌珊四境、
우 가 산 사 경

爰及基遍、
원 급 기 편

悉爲約書亞所擊、
실 위 약 서 아 소 격

수10:42

斯王與其土地、
사 왕 여 기 토 지

約書亞一時取之、
약 서 아 일 시 취 지

蓋以色列之祆上帝
개 이 색 열 지 천 상 제

耶和華爲以色列
야 화 화 위 이 색 열

人戰也、
인 전 야

수10:43

約書亞與
약 서 아 여

以色列衆、
이 색 열 중

遂返吉甲營、
수 반 길 갑 영

約書亞記 第十一章
약 서 아 기 제 십 일 장

수11:1

夏瑣王耶賓旣
하 쇄 왕 야 빈 기

聞此事、
문 차 사

遣人往見瑪
견 인 왕 견 마

頓王約巴、
돈 왕 약 파

暨伸崙押煞二王、
기 신 륜 압 살 이 왕

수 11:2

與居北方山地、
여 거 북 방 산 지

暨基尼烈南之
기 기 니 렬 남 지

亞拉巴、
아 랍 파

那弗多珥西
나 불 다 이 서

之窪地諸王、
지 와 지 제 왕

수 11:3

及居東西之
급 거 동 서 지

迦南人、
가 남 인

與亞摩利人、
여 아 마 리 인

赫人、
혁 인

比利洗人、
비 리 세 인

並居山地之
병 거 산 지 지

耶布斯人、
야 포 사 인

米斯巴地、
미사파지
黑門山麓
흑문산록
之希未人、
지희미인

수11:4
皆率軍旅而出、
개솔군려이출
其人多如海沙、
기인다여해사
車馬甚衆、
차마심중

수11:5
列王咸集、
열왕함집
建營米倫水濱、
건영미륜수빈
欲與以色列人戰、
욕여이색열인전

수11:6
耶和華諭
야화화유
約書亞曰、
약서아왈

勿緣之而懼、
물 연 지 이 구

明日此時、
명 일 차 시

我以見殺之衆、
아 이 견 살 지 중

付以色列人、
부 이 색 열 인

爾當斷其馬筋、
이 당 단 기 마 근

焚其車輛、
분 기 차 량

수 11:7

約書亞率軍旅、
악 서 아 솔 군 려

猝至米倫
졸 지 미 륜

水濱攻之、
수 빈 공 지

수 11:8

耶和華付之於
야 화 화 부 지 어

以色列人手、
이 색 열 인 수

遂擊之、
수격지

追至大西頓、
추지대서돈

與米斯利弗瑪音、
여미사리불마음

迄於東方之
흘어동방지

米斯巴平原、
미사파평원

俱翦滅之、
구전멸지

靡有孑遺、
미유혈유

수 11:9

約書亞遵耶和華
약서아준야화화

命而行、
명이행

斷其馬筋、
단기마근

焚其車輛、
분기차량

수 11:10

夏瑣素爲
하 쇄 소 위

諸國之首、
제 국 지 수

約書亞返取之、
약 서 아 반 취 지

刃擊其王、
인 격 기 왕

수 11:11

以色列人
이 색 열 인

刃擊居民、
인 격 거 민

悉行翦滅、
실 행 전 멸

凡有氣息者、
범 유 기 식 자

靡有孑遺、
미 유 혈 유

火焚夏瑣、
화 분 하 쇄

수 11:12

約書亞取斯
약 서 아 취 사

諸邑與其王、
제 읍 여 기 왕

刃擊其衆、
인 격 기 중

而翦滅之、
이 전 멸 지

循耶和華僕
순 야 화 화 복

摩西所命、
마 서 소 명

수11:13

建於山岡之邑、
건 어 산 강 지 읍

以色列人不焚、
이 색 열 인 불 분

惟夏瑣爲約書亞
유 하 쇄 위 약 서 아

所燬、
소 훼

수11:14

諸邑貨財牲畜、
제 읍 화 재 생 축

以色列人
이 색 열 인

取而歸己、
취 이 귀 기

人則以刃擊之、
인 칙 이 인 격 지

至於盡滅、
지 어 진 멸

凡有氣息者、
범 유 기 식 자

靡有孑遺、
미 유 혈 유

수11:15

昔耶和華所
석 야 화 화 소

命其僕摩西、
명 기 복 미 서

摩西傳命
마 서 전 명

約書亞者、
약 서 아 자

約書亞悉遵行之、
약 서 아 실 준 행 지

一無所違、○
일 무 소 위

수11:16

約書亞盡取斯土、
약서아진취사토

即山地、
즉산지

南土、
남토

歌珊四境、
가산사경

及其窪地、
급기와지

亞拉巴與
아랍파여

以色列山地、
이색열산지

及其窪地、
급기와지

수11:17

自上西珥
자상서이

之哈拉山、
지합랍산

至黑門山麓、
지흑문산록

利巴嫩谷之
리파눈곡지

巴力迦得、
파력가득

並取其王、
병취기왕

擊而殺之、
격이살지

수11:18
約書亞與諸
약서아여제

王相戰日久、
왕상전일구

수11:19
居基遍之希未人
거기편지희미인

而外、
이외

無一邑與以色列
무일읍여이색열

人修好者、
인수호자

以色列人悉戰而
이색열인실전이

取之、
취지

수11:20

蓋耶和華聽其
개 야 화 화 정 기

剛愎厥心、
강 퍅 궐 심

與以色列人戰、
여 이 색 열 인 전

而被翦滅、
이 피 전 멸

不蒙矜恤、
불 몽 긍 휼

循耶和華諭
순 야 화 화 유

摩西之命、○
마 서 지 명

수 11:21

是時約書亞
시 시 약 서 아

往山地、
왕 산 지

滅亞衲族、
멸 아 납 족

即自希伯崙、
즉 자 희 백 륜

底壁、
저 벽

亞拿伯、
아 나 백

猶大山地、
유 대 산 지

以色列山地、
이 색 열 산 지

盡滅其衆、
진 멸 기 중

而毁其邑、
이 훼 기 읍

수 11:22

亞衲族於
아 납 족 어

以色列地、
이 색 열 지

靡有孑遺、
미 유 혈 유

惟於迦薩、
유 어 가 살

迦特、
가 특

亞實突有之、
아 실 돌 유 지

수 11:23

約書亞循耶和華
약 서 아 순 야 화 화

諭摩西之命、
유 마 서 지 명

取斯全地、
취 사 전 지

以給以色列
이 급 이 색 열

人爲業、
인 위 업

依其支派班列、
의 기 지 파 반 열

厥後其地息戰、
궐 후 기 지 식 전

約書亞記 第十二章
약 서 아 기 제 십 이 장

수 12:1

約但東日出之所、
약 단 동 일 출 지 소

自亞嫩谷至
자 아 눈 곡 지

黑門山、
흑 문 산

及東方亞拉巴
급 동 방 아 랍 파

全地、
전 지

以色列人
이 색 열 인

擊其二王、
격 기 이 왕

取其土地如左、
취 기 토 지 여 좌

수 12:2

亞摩利王西宏都
아 마 리 왕 서 굉 도

希實本、
희 실 본

其所轄之地、
기 소 할 지 지

自亞嫩谷濱之
자 아 눈 곡 빈 지

亞羅珥、
아 라 이

及谷中之邑、
급 곡 중 지 읍

與基列之半、
여 기 열 지 반

至亞捫界之
지 아 문 계 지

雅博溪、
아 박 계

수 12:3

又東方亞拉巴、
우 동 방 아 랍 파

至基尼烈海、
지 기 니 렬 해

又至東方亞拉巴
우 지 동 방 아 랍 파

之鹽海、
지 염 해

通伯耶西末之道、
통 백 야 서 말 지 도

南至毘斯迦山麓、
남 지 비 사 가 산 록

수 12:4

又巴珊王噩、
우 파 산 왕 악

利乏音族所遺者、
리 핍 음 족 소 유 자

都亞斯他錄、
도 아 사 타 록

曁以得來、
기 이 득 래

수 12:5

其所轄之地、
기 소 할 지 지

黑門山、
흑 문 산

撒迦、
살 가

巴珊全地、
파 산 전 지

至基述瑪迦
지 기 술 마 가

二族之界、
이 족 지 계

及基列之半、
급 기 열 지 반

至希實本王
지 희 실 본 왕

西宏之界、
서 굉 지 계

수 12:6

此二王、
차 이 왕

爲耶和華僕摩西
위 야 화 화 복 마 서

與以色列人所擊、
여 이 색 열 인 소 격

摩西以其地予
마 서 이 기 지 여

流便人、
류 편 인

迦得人、
가 득 인

及瑪拿西半
급 마 나 서 반

支派爲業、○
지 파 위 업

수 12:7

約但之西、
약 단 지 서

自利巴嫩谷之
자 리 파 눈 곡 지

巴力迦得、
파 력 가 득

至上西珥之
지 상 서 이 지

哈拉山、
합 랍 산

約書亞與以色列
약 서 아 여 이 색 열

人擊其王、
인 격 기 왕

以其地予以色列
이 기 지 여 이 색 열

支派爲業、
지 파 위 업

循其班列、
순 기 반 열

수12:8

卽山地、
즉 산 지

窪地、
와 지

亞拉巴、
아 랍 파

山麓、
산 록

曠野、
광 야

南土、
남 토

乃赫人、
내 혁 인

亞摩利人、
아 마 리 인

迦南人、
가 남 인

比利洗人、
비리세인

希未人、
희미인

耶布斯人之地、
야포사인지지

수12:9

其王如左、
기왕여좌

耶利哥王、
야리가왕

近伯特利之艾王、
근백특리지애왕

수12:10

耶路撒冷王、
야로살랭왕

希伯崙王、
희백륜왕

수12:11

耶末王、
야말왕

拉吉王、
랍길왕

수12:12

伊磯倫王、
이 기 륜 왕

基色王、
기 색 왕

수12:13

底壁王、
저 벽 왕

基德王、
기 덕 왕

수12:14

何珥瑪王、
하 이 마 왕

亞拉得王、
아 랍 득 왕

수12:15

立拿王、
립 나 왕

亞杜蘭王、
아 두 란 왕

수12:16

瑪基大王、
마 기 대 왕

伯特利王、
백 특 리 왕

수12:17

他普亞王、
타 보 아 왕

希弗王、
희 불 왕

수12:18

亞弗王、
아 불 왕

拉沙崙王、
랍 사 룬 왕

수12:19

瑪頓王、
마 돈 왕

夏瑣王、
하 쇄 왕

수12:20

伸崙米崙王、
신 륜 미 륜 왕

押煞王、
압 살 왕

수12:21

他納王、
타 납 왕

米吉多王、
미 길 다 왕

수12:22

基低斯王、
기 저 사 왕

都迦密之約念王、
도 가 밀 지 약 념 왕

수 12:23

都那法多珥
도 나 법 다 이

之多珥王、
지 다 이 왕

都吉甲之戈印王、
도 길 갑 지 과 인 왕

수 12:24

得撒王、
득 살 왕

共三十一王、
공 삼 십 일 왕

約書亞記 第十三章
약 서 아 기 제 십 삼 장

수 13:1

約書亞壽高年邁、
약 서 아 수 고 년 매

耶和華諭之曰、
야 화 화 유 지 왈

爾壽高年邁、
이 수 고 년 매

當取之地、
당 취 지 지

尚存甚多、
상 존 심 다

수 13:2

卽非利士四境、
즉 비 리 사 사 경

基述全地、
기 술 전 지

수 13:3

自埃及東
자 애 급 동

之西曷溪、
지 서 갈 계

北至以革倫界、
북 지 이 혁 륜 계

屬迦南族之地、
속 가 남 족 지 지

非利士五伯
비 리 사 오 백

之迦薩、
지 가 살

亞實突、
아 실 돌

亞實基倫、
아 실 기 륜

迦特、
가 특

以革倫、
이 혁 륜

及南方之亞衛、
급 남 방 지 아 위

수13:4

又迦南全地、
우 가 남 전 지

屬西頓之米亞拉、
속 서 돈 지 미 아 랍

至亞弗、
지 아 불

及亞摩利界、
급 아 마 리 계

수13:5

又迦巴勒人之地、
우 가 파 륵 인 지 지

東方之利巴嫩
동 방 지 리 파 눈

全地、
전 지

自黑門山麓之
자 흑 문 산 록 지

巴力迦得、
파 력 가 득

至哈馬道、
지 합 마 도

수 13:6

又自利巴嫩、
우 자 리 파 눈

至米斯利弗瑪音、
지 미 사 리 불 마 음

所有居山之
소 유 거 산 지

西頓人、
서 돈 인

我必逐之於
아 필 축 지 어

以色列人前、
이 색 열 인 전

當循我命、
당 순 아 명

籤分其地、
첨 분 기 지

予以色列人爲業、
여 이 색 열 인 위 업

수13:7

斯地分與九支派、
사 지 분 여 구 지 파

及瑪拿西半
급 마 나 서 반

支派爲業、
지 파 위 업

수13:8

瑪拿西半支派、
마 나 서 반 지 파

及流便迦得
급 류 편 가 득

二支派、
이 지 파

已得其業於
이 득 기 업 어

約但東、
약 단 동

卽耶和華僕
즉 야 화 화 복

摩西所予者、
마 서 소 여 자

수13:9

其地自亞嫩谷
기 지 자 아 눈 곡

濱之亞羅珥、
빈 지 아 라 이

及谷中之邑、
급 곡 중 지 읍

與米底巴
여 미 저 파

平原全地、
평 원 전 지

至於底本、
지 어 저 본

수 13:10

暨都希實本之亞
기 도 희 실 본 지 아

摩利王西宏諸邑、
마 리 왕 서 굉 제 읍

至亞捫族之界、
지 아 문 족 지 계

수 13:11

又有基列、
우 유 기 열

與基述瑪迦
여 기 술 마 가

二族之境、
이 족 지 경

及黑門全山、
금 흑 문 전 산

巴珊全地、
파 산 전 지

至於撒迦、
지 어 살 가

수13:12

都亞斯他錄及
도 아 사 타 록 급

以得來、
이 득 래

利乏音族所遺者、
리 핍 음 족 소 유 지

巴珊王噩之國、
파 산 왕 악 지 국

斯地之人、
사 지 지 인

摩西擊而逐之、
마 서 격 이 축 지

수13:13

惟基述瑪迦二族、
유 기 술 마 가 이 족

以色列人未逐、
이 색 열 인 미 축

二族居以色列中、
이 족 거 이 색 열 중

至於今日、
지 어 금 일

수13:14

利未支派、
리 미 지 파

摩西不與之業、
마 서 불 여 지 업

奉以色列祆上帝
봉 이 색 열 천 상 제

耶和華之火祭
야 화 화 지 화 제

爲其業、
위 기 업

如其所諭、○
여 기 소 유

수13:15

摩西給業於
마 서 급 업 어

流便支派、
류 편 지 파

循其室家、
순 기 실 가

수13:16

其界自亞嫩谷
기 계 자 아 눈 곡

濱之亞羅珥、
빈 지 아 라 이

及谷中之邑、
급 곡 중 지 읍

沿米底巴平原、
연 미 저 파 평 원

수13:17

希實本與其
희 실 본 여 기

平原諸邑、
평 원 제 읍

底本、
저 본

巴末巴力、
파 말 파 력

伯巴力勉、
백 파 력 면

수13:18

雅雜、
아 잡

基底莫、
기 저 막

米法押、
미 법 압

수13:19

基列亭、
기 열 정

西比瑪、
서 비 마

與谷中山上之細
여 곡 중 산 상 지 세

列哈沙轄、
열 합 사 할

수13:20

伯毘珥、
백 비 이

毘斯迦山麓、
비 사 가 산 록

伯耶西末、
백 야 서 말

수13:21

平原諸邑、
평 원 제 읍

與都希實本亞摩利
여 도 희 실 본 아 마 리

王西宏之國、
왕 서 굉 지 국

此王及其所轄
차 왕 급 기 소 할

米甸諸伯、
미 전 제 백

以未、
이 미

利金、
리 금

蘇珥、
소 이

戶珥、
호 이

利巴、
리 파

俱爲摩西所擊、
구 위 마 서 소 격

수13:22

以色列人
이 색 열 인

殺彼衆時、
살 피 중 시

並以刃殺術士、
병 이 인 살 술 사

比珥子巴蘭、
비 이 자 파 란

수13:23

流便族之西界
유편족지서계

乃約但、
내약단

以上諸邑、
이상제읍

與其鄉里、
여기향리

爲流便族之業、
위류편족지업

循其室家、○
순기실가

수13:24

摩西給業於迦得
마서급업어가득

支派、
지파

循其室家、
순기실가

수13:25

其境乃雅謝
기경내아사

基列諸邑、
기열제읍

亞捫人地之半、
아 문 인 지 지 반

至拉巴相對之
지 랍 파 상 대 지

亞羅珥、
아 라 이

수 13:26

又自希實本至
우 자 희 실 본 지

拉抹米斯巴、
랍 말 미 사 파

及比多寧、
급 비 다 녕

更自瑪哈念至
경 자 마 합 념 지

底壁界、
저 벽 계

수 13:27

谷中之伯亞蘭、
곡 중 지 백 아 란

伯寧拉、
백 녕 랍

疏割、
소 할

撒分、
살 분

即希實本王
즉 희 실 본 왕

西宏國之餘地、
서 굉 국 지 여 지

沿約但河濱、
연 약 단 하 빈

至基尼烈海隅、
지 기 니 렬 해 우

在約但東、
재 약 단 동

수13:28

以上諸邑、
이 상 제 읍

與其鄉里、
여 기 향 리

爲迦得族之業、
위 가 득 족 지 업

循其室家、○
순 기 실 가

수13:29

摩西給業於
마 서 급 업 어

瑪拿西半支派、
마나서반지파

循其室家、
순기실가

수13:30

其境自瑪哈念、
기경자마합념

巴珊全地、
파산전지

卽巴珊王噩之
즉파산왕악지

全國、
선국

與巴珊境內、
여파신경내

睚珥諸邑六十、
애이제읍육십

수13:31

基列之半、
기열지반

及巴珊王噩之邑、
급파산왕악지읍

亞斯他錄以得來、
아사타록이득래

俱歸瑪拿西子
구 귀 마 나 서 자

瑪吉裔之半、
마 길 예 지 반

循其室家、○
순 기 실 가

수13:32

以上諸業、
이 상 제 업

乃摩西在約但東、
내 마 서 재 약 단 동

摩押平原、
마 압 평 원

耶利哥相對之
야 리 가 상 대 지

處所分者、
처 소 분 자

수13:33

惟利未支派、
유 리 미 지 파

摩西不給以業、
마 서 불 급 이 업

以色列之祆上帝
이 색 열 지 천 상 제

耶和華爲其業、
야 화 화 위 기 업

如其所諭、
여 기 소 유

約書亞記 第十四章
약 서 아 기 제 십 사 장

수 14:1

以色列族在迦南
이 색 열 족 재 가 남

地所得之業、
지 소 득 지 업

卽祭司以利亞撒、
즉 제 사 이 리 아 살

嫩之子約書亞、
눈 지 자 약 서 아

曁以色列支派
기 이 색 열 지 파

族長所分者、
족 장 소 분 자

臚列如左、
려 열 여 좌

수 14:2

其地循耶和華
기 지 순 야 화 화

藉摩西所命、
자 마 서 소 명

掣籤分與九
체 첨 분 여 구

支派有半、
지 파 유 반

수 14:3

蓋摩西已給業
개 마 서 이 급 업

於二支派有半、
어 이 지 파 유 반

在約但東、
재 약 단 동

不給業於利未人、
불 급 업 어 리 미 인

수 14:4

因約瑟裔、
인 약 슬 예

分爲瑪拿西以法蓮
분 위 마 나 서 이 법 련

二支派、
이 지 파

故於斯土、
고 어 사 토

不給業於利未人、
불 급 업 어 리 미 인

惟給邑以居、
유 급 읍 이 거

給郊以牧牲畜、
급 교 이 목 생 축

而藏貨財、
이 장 화 재

수14:5

以色列人循耶和華
이 색 열 인 순 야 화 화

諭摩西之命、
유 마 서 지 명

以分其地、○
이 분 기 지

수14:6

時、
시

猶大族至吉甲
유 대 족 지 길 갑

見約書亞、
견 약 서 아

有基尼洗族耶孚
유 기 니 세 족 야 부

尼子迦勒謂之曰、
니 자 가 륵 위 지 왈
昔在加低斯巴
석 재 가 저 사 파
尼亞、
니 아
耶和華諭其僕摩西
야 화 화 유 기 복 마 서
關乎爾我之事、
관 호 이 아 지 사
爾所知也、
이 소 지 야

수 14:7
其時我年四十、
기 시 아 년 사 십
耶和華僕摩西
야 화 화 복 마 서
自加低斯巴尼亞
자 가 저 사 파 니 아
遣我窺地、
견 아 규 지
我以誠心復之、
아 이 성 심 복 지

수 14:8

偕行兄弟
해행형제

使民喪膽、
사민상담

惟我專從我
유아전종아

祆上帝耶和華、
천상제야화화

수14:9

當日摩西誓曰、
당일마서서왈

爾既專從我祆上帝
이기전종아천상제

耶和華、
야화화

爾足所履之地、
이족소리지지

必歸於爾
필귀어이

及裔爲業、
급예위업

永世靡暨、
영세미기

수14:10

自耶和華諭
자 야 화 화 유

摩西時、
마 서 시

以色列人
이 색 열 인

遊行曠野、
유 행 광 야

迄今四十五年、
흘 금 사 십 오 년

耶和華依其所言、
야 화 화 의 기 소 언

使我生存、
사 아 생 존

今我年八十有五、
금 아 년 팔 십 유 오

수 14:11

我猶強健、
아 유 강 건

同於摩西
동 어 마 서

遣我之日、
견 아 지 일

昔我有力
석 아 유 력

出入戰鬪、
출 입 전 두

今猶如是、
금 유 여 시

수14:12
求爾以耶和華當日
구 이 이 야 화 화 당 일

所許之山地予我、
소 허 지 산 지 여 아

爾曾聞亞衲族
이 증 문 아 납 족

在彼、
새 피

邑垣宏固、
읍 원 굉 고

庶耶和華偕我、
서 야 화 화 해 아

使我逐之、
사 아 축 지

如其所言、
여 기 소 언

수14:13
約書亞乃爲耶孚
약 서 아 내 위 야 부

尼子迦勒祝嘏、
니 자 가 륵 축 하

以希伯崙給
이 희 백 륜 급

之爲業、
지 위 업

수14:14

故希伯崙歸基尼洗
고 희 백 륜 귀 기 니 세

族耶孚尼子迦勒
족 야 부 니 자 가 륵

爲業、
위 업

至於今日、
지 어 금 일

因其專從以色列之祆
인 기 전 종 이 색 열 지 천

上帝耶和華也、
상 제 야 화 화 야

수14:15

希伯崙昔名基列亞
희 백 륜 석 명 기 열 아

巴邑、
파 읍

在亞衲族中、
재 아 납 족 중

亞巴爲至大、
아 파 위 지 대

厥後其地息戰、
궐 후 기 지 식 전

約書亞記 第十五章
약 서 아 기 제 십 오 장

수 15:1

猶大支派、
유 대 지 파

循其室家、
순 기 실 가

掣籤而得之地、
제 첨 이 득 지 지

其境至以東
기 경 지 이 동

之邊陲、
지 변 수

南至尋野、
남 지 심 야

수 15:2

其南界、
기 남 계

自鹽海之隅、
자 염 해 지 우

向南之澳、
향 남 지 오

수 15:3

出亞克拉濱
출 아 극 랍 빈

阪之南、
판 지 남

延及於尋、
연 급 어 심

由加低斯巴尼亞之
유 가 저 사 파 니 아 지

南、
남

通希斯崙、
통 희 사 륜

至亞達珥、
지 아 달 이

轉至甲加、
전 지 갑 가

수 15:4

由此至押們與
유 차 지 압 문 여

埃及溪、
애 급 계

至海爲極、
지 해 위 극

是爲南界、○
시 위 남 계

수15:5

其東界、
기 동 계

卽鹽海、
즉 염 해

至約但河口、
지 약 단 하 구

其北界、
기 북 계

自海澳、
자 해 오

卽約但河口、
즉 약 단 하 구

수15:6

至伯曷拉、
지 백 갈 랍

經伯亞拉巴之北、
경 백 아 랍 파 지 북

至流便裔
지 류 편 예

波罕之石、
파 한 지 석

수 15:7

又自亞割谷而北、
우 자 아 할 곡 이 북

至底壁、
지 저 벽

沿吉甲、
연 길 갑

卽亞都冥阪
즉 아 도 명 판

相對之所、
상 대 지 소

在河之南、
재 하 지 남

經隱示麥泉、
경 은 시 맥 천

至隱羅結、
지 은 라 결

수 15:8

由此而往
유 차 이 왕

欣嫩子谷、
흔 눈 자 곡

至耶布斯、
지 야 포 사

卽耶路撒冷之南、
즉 야 로 살 랭 지 남

上及欣嫩谷
상 급 흔 눈 곡

西之山巔、
서 지 산 전

在利乏音谷
재 리 핍 음 곡

之北極、
지 북 극

수 15:9

自此山巔、
자 차 산 전

至尼弗多亞泉、
지 니 불 다 아 천

及以弗崙山諸邑、
급 이 불 륜 산 제 읍

延至巴拉、
연 지 파 랍

卽基列耶琳、
즉 기 열 야 림

수15:10

自巴拉轉西、
자파랍전서

至西珥山、
지서이산

經耶琳山之北、
경야림산지북

耶琳卽基撒倫、
야림즉기살륜

下至伯示麥、
하지백시맥

越亭納、
월정납

수15:11

出以革倫之北、
출이혁륜지북

延及施基倫、
연급시기륜

經巴拉山、
경파랍산

至雅比聶、
지아비섭

極於海、
극어해

수15:12

西界大海、
서 계 대 해

此乃猶大族
차 내 유 대 족

四周之界、
사 주 지 계

循其室家、
순 기 실 가

수 15:13

約書亞遵
약 서 아 준

耶和華命、
야 화 화 명

於猶大族中、
어 유 대 족 중

以亞衲族祖基列亞
이 아 납 족 조 기 열 아

巴邑、
파 읍

卽希伯崙、
즉 희 백 륜

予耶孚尼子
여 야 부 니 자

迦勒爲業、
가 륵 위 업

수15:14

迦勒驅亞衲三子、
가 륵 구 아 납 삼 자

示篩、
시 사

亞希幔、
아 희 만

撻買、
달 매

수15:15

自此往攻
자 차 왕 공

底壁居民、
저 벽 거 민

底壁昔名
저 벽 석 명

基列西弗、
기 열 서 불

수15:16

迦勒曰、
가 륵 왈

擊基列西弗
격 기 열 서 불

而取之者、
이 취 지 자

我必以女
아 필 이 녀

押撒妻之、
압 살 처 지

수15:17

迦勒弟基納斯子
가 륵 제 기 납 사 자

俄陀聶取之、
아 타 섭 취 지

迦勒遂妻
가 륵 수 처

以女押撒、
이 녀 압 살

수15:18

於歸時、
어 귀 시

勸夫求田於父、
권 부 구 전 어 부

女旣下驢、
녀 기 하 려

迦勒曰、
가 륵 왈

爾何欲、
이 하 욕

수15:19

曰、
왈

求錫蝦於我、
구 석 하 어 아

父既嫁我於南土、
부 기 가 아 어 남 토

請賜我以泉、
청 사 아 이 천

遂以上下泉
수 이 상 하 천

予之、○
여 지

수 15:20

猶大支派、
유 대 지 파

循其室家、
순 기 실 가

所得之業如左、
소 득 지 업 여 좌

수 15:21

其近以東界、
기 근 이 동 계

極南之邑、
극 남 지 읍

乃甲薛、
내갑설

以得、
이득

雅姑珥、
아고이

수15:22

基拿、
기나

底摩拿、
저마나

亞大達、
아대달

수15:23

基低斯、
기저사

夏瑣、
하쇄

以提楠、
이제남

수15:24

西弗、
서불

提鍊、
제련

比亞祿、
비 아 록

수 15:25
夏瑣哈大他、
하 쇄 합 대 타

加畧希斯崙、
가 략 희 사 륜

即夏瑣、
즉 하 쇄

수 15:26
亞曼、
아 만

示瑪、
시 마

摩拉大、
마 랍 대

수 15:27
哈薩迦大、
합 살 가 대

黑實門、
흑 실 문

伯帕列、
백 파 열

수 15:28

哈薩書亞、
합 살 서 아

別是巴、
별 시 파

比斯約他、
비 사 약 타

수 15:29

巴拉、
파 랍

以因、
이 인

以森、
이 삼

수 15:30

伊勒多臘、
이 륵 다 랍

基失、
기 실

何珥瑪、
하 이 마

수 15:31

洗革拉、
세 혁 랍

麥瑪拿、
맥 마 나

三撒拿、
삼 살 나

수15:32

利巴勿、
리 파 웃

實忻、
실 흔

亞因、
아 인

臨門、
림 문

共二十九邑、
공 이 십 구 읍

與其鄉里、
여 기 향 리

수15:33

在窪地有以實陶、
재 와 지 유 이 실 도

瑣拉、
쇄 랍

亞實拿、
아 실 나

수15:34

撒挪亞、
살 나 아

隱乾寧、
은 건 녕

他普亞、
타 보 아

以楠、
이 남

수15:35

耶末、
야 말

亞杜蘭、
아 두 란

梭哥、
사 가

亞西加、
아 서 가

수15:36

沙拉音、
사 랍 음

亞底他音、
아 저 타 음

基底拉、
기 저 랍

基底羅他音、
기 저 라 타 음

共十四邑、
공 십 사 읍

與其鄉里、
여 기 향 리

수15:37

洗楠、
세 남

哈大沙、
합 대 사

麥大迦得、
맥 대 가 득

수15:38

底連、
저 련

米斯巴、
미 사 파

約帖、
약 첩

수15:39

拉吉、
랍 길

波斯加、
파 사 가

伊磯倫、
이 기 륜

수 15:40

迦本、
가 본

拉慢、
랍 만

基提利、
기 제 리

수 15:41

基低羅、
기 저 라

伯大袞、
백 대 곤

拿瑪、
나 마

瑪基大、
마 기 대

共十六邑、
공 십 육 읍

與其鄉里、
여 기 향 리

수 15:42

立拿、
립 나

以帖、
이 첩

亞珊、
아산

수 15:43

益弗他、
익불타

亞實拿、
아실나

尼悉、
니실

수 15:44

基伊拉、
기이랍

亞革悉、
아혁실

瑪利沙、
마리사

共九邑、
공구읍

與其鄉里、
여기향리

수 15:45

以革倫、
이혁륜

與其屬邑鄉里、
여기속읍향리

수15:46
自以革倫至海、
자 이 혁 륜 지 해
附近亞實突之處、
부 근 아 실 돌 지 처
與其鄉里、
여 기 향 리

수15:47
亞實突與其
아 실 돌 여 기
屬邑鄉里、
속 읍 향 리
迦薩與其
가 살 여 기
屬邑鄉里、
속 읍 향 리
至埃及溪、
지 애 급 계
延及大海爲界、
연 급 대 해 위 계

수15:48
在山地有沙密、
재 산 지 유 사 밀
雅提珥、
아 제 이

梭哥、
사 가

수15:49

大拿、
대 나

基列薩拿、
기 열 살 나

即底壁、
즉 저 벽

수15:50

亞拿伯、
아 나 백

以實提莫、
이 실 제 막

亞念、
아 념

수15:51

歌珊、
가 산

何倫、
하 륜

基羅、
기 라

共十一邑、
공 십 일 읍

與其鄉里、
여 기 향 리

수15:52

亞拉、
아 랍

度瑪、
도 마

以珊、
이 산

수15:53

雅農、
아 농

伯他普亞、
백 타 보 아

亞非加、
아 비 가

수15:54

宏他、
굉 타

基列亞巴、
기 열 아 파

卽希伯崙、
즉 희 백 륜

洗珥、
세 이

共九邑、
공 구 읍

與其鄉里、
여 기 향 리

수 15:55

瑪雲、
마 운

迦密、
가 밀

西弗、
서 불

淤他、
어 타

수 15:56

耶斯列、
야 사 열

約甸、
약 전

撒挪亞、
살 나 아

수 15:57

該隱、
해 은

基比亞、
기 비 아

亭 拿、
정 나

共 十 邑、
공 십 읍

與 其 鄉 里、
여 기 향 리

수 15:58

哈 忽、
합 홀

伯 夙、
백 숙

基 突、
기 돌

수 15:59

瑪 臘、
마 랍

伯 亞 諾、
백 아 낙

伊 勒 提 君、
이 륵 제 군

共 六 邑、
공 육 읍

與 其 鄉 里、
여 기 향 리

수 15:60

基列巴力、
기열파력

卽基列耶琳、
즉기열야림

拉巴、
랍파

共二邑、
공이읍

與其鄕里、
여기향리

수15:61

在曠野有
재광야유

伯亞拉巴、
백아랍파

密丁、
밀정

西迦迦、
서가가

수15:62

匿珊、
닉산

鹽城、
염성

隱基底、
은 기 저

共六邑、
공 육 읍

與其鄕里、
여 기 향 리

수15:63

居耶路撒冷之
거 야 로 살 랭 지

耶布斯人、
야 포 사 인

猶大人不能逐之、
유 대 인 불 능 축 지

與之同居
여 지 동 거

耶路撒冷、
야 로 살 랭

至於今日、
지 어 금 일

約書亞記 第十六章
약 서 아 기 제 십 륙 장

수16:1

約瑟後裔掣籤
약 슬 후 예 제 첨

而得之地、
이 득 지 지

自近耶利哥
자 근 야 리 가

之約但、
지 약 단

耶利哥水東之野、
야 리 가 수 동 지 야

由耶利哥而上、
유 야 리 가 이 상

越乎山地、
월 호 산 지

至伯特利、
지 백 특 리

수16:2

自伯特利至路斯、
자 백 특 리 지 로 사

沿亞基界、
연 아 기 계

至亞他綠、
지 아 타 록

수16:3

西至押利提界、
서 지 압 리 제 계

延及下伯和倫界、
연급하백화륜계

至基色、
지기색

極於海、
극어해

수 16:4

此乃約瑟子瑪拿西
차내약슬자마나서

以法蓮所得之業、
이법련소득지업

수 16:5

以法蓮裔
이법련예

循其室家、
순기실가

所得之地、
소득지지

其東界、
기동계

沿亞他綠亞達、
연아타록아달

至上伯和倫、
지상백화륜

수 16:6

西通北方
서 통 북 방

之密米他、
지 밀 미 타

轉東至他納示羅、
전 동 지 타 납 시 라

延及雅挪哈之東、
연 급 아 나 합 지 동

수 16:7

自雅挪哈、
자 아 나 합

下至亞他綠
하 지 아 타 록

與拿拉、
여 나 랍

延及耶利哥、
연 급 야 리 가

極於約但、
극 어 약 단

수 16:8

自他普亞而西、
자 타 보 아 이 서

至加拿溪、
지 가 나 계

極於海、
극 어 해

此乃以法蓮
차 내 이 법 련

支派循其室家、
지 파 순 기 실 가

所得之業、
소 득 지 업

수16:9

又有數邑、
우 유 수 읍

與其鄕里、
여 기 향 리

在瑪拿西人業中、
재 마 나 시 인 업 중

分歸以法蓮人、
분 귀 이 법 련 인

수16:10

居基色之迦南人、
거 기 색 지 가 남 인

以法蓮人未逐之、
이 법 련 인 미 축 지

仍居以法蓮人中、
잉 거 이 법 련 인 중

爲僕服役、
위 복 복 역

至於今日、
지 어 금 일

約書亞記 第十七章
약 서 아 기 제 십 칠 장

수 17:1

瑪拿西支派
마 나 서 지 파

掣籤而得其地、
체 첨 이 득 기 지

瑪拿西乃
마 나 서 내

約瑟長子、
약 슬 장 자

瑪吉乃瑪拿西
마 길 내 마 나 서

長子、
장 자

基列之父、
기 열 지 부

素爲戰士、
소 위 전 사

故得基列、
고 득 기 열

巴珊、
파산

수 17:2

瑪拿西其餘子孫、
마나서기여자손

循其室家、
순기실가

掣籤得業、
체첨득업

其人如左、
기인여좌

亞比以謝之裔、
아비이사지예

希勒之裔、
희륵지예

亞斯列之裔、
아사열지예

示劍之裔、
시검지예

希弗之裔、
희불지예

示米大之裔、
시미대지예

此皆約瑟子瑪拿西
차개약슬자마나서

之丁男、
지 정 남

循其室家、
순 기 실 가

수 17:3

瑪拿西玄孫、
마 나 서 현 손

瑪吉曾孫、
마 길 증 손

基列孫、
기 열 손

希弗子西羅非哈、
희 불 자 서 라 비 합

無子有女、
무 자 유 녀

名瑪拉、
명 마 랍

挪阿、
나 아

曷拉、
갈 랍

密迦、
밀 가

得撒、
득 살

수 17:4

咸就祭司
함 취 제 사

以利亞撒、
이 리 아 살

及嫩之子約書亞、
급 눈 지 자 약 서 아

與諸牧伯、
여 제 목 백

曰、
왈

耶和華命摩西、
야 화 화 명 마 서

在兄弟中
재 형 제 중

以業給我、
이 업 급 아

約書亞遂遵
약 서 아 수 준

耶和華命、
야 화 화 명

以業給之、
이 업 급 지

在叔伯中、
재 숙 백 중

수 17:5

除約但東之
基列巴珊外、
瑪拿西族
得業十區、

수 17:6

蓋瑪拿西之女、
得業於其諸子中、
基列地乃屬
瑪拿西餘子、

수 17:7

瑪拿西族之界、
自亞設至示劍
相對之密米他、

轉右至隱他普亞
전 우 지 은 타 보 아

居民之地、
거 민 지 지

수 17:8

他普亞地、
타 보 아 지

屬瑪拿西人、
속 마 나 서 인

惟近其界之
유 근 기 계 지

他普亞邑、
타 보 아 읍

屬以法蓮人、
속 이 법 련 인

수 17:9

其界下至
기 계 하 지

加拿溪南、
가 나 계 남

瑪拿西境內之邑、
마 나 서 경 내 지 읍

有屬以法蓮者、
유 속 이 법 련 자

見十六章九
견 십 육 장 구

節瑪拿西界、
절 마 나 서 계

沿溪北、
연 계 북

極於海、
극 어 해

수17:10

溪南屬以法蓮、
계 남 속 이 법 련

溪北屬瑪拿西、
계 북 속 마 나 서

海爲其界、
해 위 기 계

北至亞設、
북 지 아 설

東至以薩迦、
동 지 이 살 가

수17:11

瑪拿西在以薩迦亞
마 나 서 재 이 살 가 아

設境內、
설 경 내

得伯善與其鄉里、
득 백 선 여 기 향 리

以伯蓮與其鄉里、
이 백 련 여 기 향 리

多珥與其
다 이 여 기

居民鄉里、
거 민 향 리

隱多珥與其
은 다 이 여 기

居民鄉里、
거 민 향 리

他納與其
타 납 여 기

居民鄉里、
거 민 향 리

米吉多與其
미 길 다 여 기

居民鄉里、
거 민 향 리

上乃三岡之邑、
상 내 삼 강 지 읍

수 17:12

斯邑之民、
사 읍 지 민

瑪拿西人
마나서인

不能逐之、
불능축지

迦南人執意
가남인집의

居其地、
거기지

수17:13

迨以色列人强盛、
태이색열인강성

使之服役、
사지복역

不盡逐之、○
불진축지

수17:14

約瑟裔謂
약슬예위

約書亞曰、
약서아왈

耶和華旣
야화화기

錫嘏於我、
석하어아

使爲大族、
사 위 대 족

何僅予我
하 근 여 아

一區爲業、
일 구 위 업

수17:15

約書亞曰、
약 서 아 왈

爾若爲大族、
이 약 위 대 족

以法蓮山地狹小、
이 법 련 산 지 협 소

可往比利洗利
가 왕 비 리 세 리

乏音地、
핍 음 지

伐木以居、
벌 목 이 거

수17:16

約瑟裔曰、
약 슬 예 왈

此地不足容我、
차 지 불 족 용 아

而居伯善
이거백선

與其鄕里、
여기향리

及耶斯列谷之
급야사열곡지

迦南人、
가남인

皆有鐵車、
개유철차

수17:17

約書亞謂約瑟家以
약서아위약슬가이

法蓮瑪拿西人曰、
법련마나서인왈

爾乃大族、
이내대족

且有大力、
차유대력

不可僅有一區、
불가근유일구

수17:18

山與附近之地、
산여부근지지

必悉歸爾、
필 실 귀 이

雖爲森林、
수 위 삼 림

可伐其木而居、
가 벌 기 목 이 거

迦南人雖强、
가 남 인 수 강

而有鐵車、
이 유 철 차

爾必逐之、
이 필 축 지

約書亞記 第十八章
약 서 아 기 제 십 팔 장

수 18:1

斯土旣服、
사 토 기 복

以色列會衆集
이 색 열 회 중 집

於示羅、
어 시 라

而立會幕、
이 립 회 막

수 18:2

以色列中、
이 색 열 중

尚有七支派、
상 유 칠 지 파

未得其業、
미 득 기 업

수18:3

約書亞謂以色列
약 서 아 위 이 색 열

族曰、
족 왈

爾祖之天上帝耶和
이 조 지 천 상 제 야 화

華予爾之地、
화 여 이 지 지

爾遲遲不往取之、
이 지 지 불 왕 취 지

將至何時乎、
장 지 하 시 호

수18:4

爾於各支派中、
이 어 각 지 파 중

宜簡三人、
의 간 삼 인

我將遣之周
아 장 견 지 주

行其地、
행 기 지

循所應得之業
순 소 응 득 지 업

繪圖、
회 도

歸而就我、
귀 이 취 아

수 18:5

分地爲七、
분 지 위 칠

猶大族居南境、
유 대 족 거 남 경

約瑟家居北境、
약 슬 가 거 북 경

수 18:6

其地繪爲七區、
기 지 회 위 칠 구

以覆於我、
이 복 어 아

我爲爾掣籤於我
아 위 이 체 첨 어 아

祆上帝耶和華前、
천 상 제 야 화 화 전

수 18:7

利未人在
리 미 인 재

爾中無業、
이 중 무 업

因供耶和華祭司
인 공 야 화 화 제 사

之職爲其業、
지 직 위 기 업

迦得流便二支派、
가 득 유 편 이 지 파

瑪拿西半支派、
마 나 서 반 지 파

已得其業在
이 득 기 업 재

約但東、
약 단 동

卽耶和華僕
즉 야 화 화 복

摩西所予者、
마 서 소 여 자

수 18:8

所委繪圖之人
소 위 회 도 지 인

起而往、
기 이 왕

約書亞囑之曰、
약 서 아 촉 지 왈

爾往周行其地、
이 왕 주 행 기 지

繪圖歸而就我、
회 도 귀 이 취 아

我在示羅、
아 재 시 라

爲爾掣籤於
위 이 체 첨 어

耶和華前、
야 화 화 전

수 18:9

其人遂往、
기 인 수 왕

周行其地、
주 행 기 지

依其城邑、
의 기 성 읍

繪爲七區、
회 위 칠 구

注之於冊、
주 지 어 책

返示羅營、
반 시 라 영

見約書亞、
견 약 서 아

수 18:10

約書亞在示羅、
약 서 아 재 시 라

爲之掣籤於
위 지 체 첨 어

耶和華前、
야 화 화 전

以地分與
이 지 분 여

以色列人、
이 색 열 인

循其班列、○
순 기 반 열

수 18:11

首掣籤、
수 체 첨

乃便雅憫支派、
내 편 아 민 지 파

循其室家得業、
순 기 실 가 득 업

其境攝乎猶大
기 경 섭 호 유 대

約瑟二族之間、
약 슬 이 족 지 간

수 18:12

其北界、
기 북 계

自約但上至
자 약 단 상 지

耶利哥北、
야 리 가 북

轉西越乎山地、
선 서 월 호 산 지

極於伯亞文野、
극 어 백 아 문 야

수 18:13

由此而南、
유 차 이 남

至路斯阪、
지 로 사 판

路斯卽伯特利、
로 사 즉 백 특 리

又下至亞他綠
우 하 지 아 타 록

亞達、
아 달

近下伯和倫
근 하 백 화 륜

南之山、
남 지 산

수18:14

由此而西轉南、
유 차 이 서 전 남

自伯和倫南相對
자 백 화 륜 남 상 대

之山、
지 산

至猶大族之邑
지 유 대 족 지 읍

基列巴力、
기 열 파 력

卽基列耶琳、
즉 기 열 야 림

是爲西境、
시 위 서 경

수18:15

南界自基列耶琳
남 계 자 기 열 야 림

極處、
극 처

轉西至尼弗
전 서 지 니 불

多亞泉、
다 아 천

수 18:16

下至欣嫩子
하 지 흔 눈 자

谷相對之麓、
곡 상 내 지 록

在利乏音谷之北、
재 리 핍 음 곡 지 북

又至欣嫩谷、
우 지 흔 눈 곡

近耶布斯南、
근 야 포 사 남

延及隱羅結、
연 급 은 라 결

수 18:17

轉北至隱示麥、
전 북 지 은 시 맥

及基利綠、
급 기 리 록

在亞都冥阪相
재 아 도 명 판 상

對之所、
대 지 소

下至流便子
하 지 류 편 자

波罕之石、
파 한 지 석

수 18:18

沿亞拉巴之隅、
연 아 랍 파 지 우

下至亞拉巴、
하 지 아 랍 파

수 18:19

又沿伯曷拉北、
우 연 백 갈 랍 북

至鹽海之北澳、
지 염 해 지 북 오

卽約但河南口、
즉 약 단 하 남 구

是爲南界、
시 위 남 계

수 18:20

東則約但爲界、
동 칙 약 단 위 계

此乃便雅憫裔
차 내 편 아 민 예

之業、
지 업

依其四界、
의 기 사 계

循其室家、
순 기 실 가

수 18:21

便雅憫支派、
편 아 빈 지 파

循其室家、
순 기 실 가

所得之邑、
소 득 지 읍

乃耶利哥、
내 야 리 가

伯曷拉、
백 갈 랍

伊麥基悉、
이 맥 기 실

수 18:22

伯亞拉巴、
백 아 랍 파

洗瑪臉、
세 마 검

伯特利、
백 특 리

수 18:23

亞文、
아 문

巴拉、
파 랍

俄弗拉、
아 불 랍

수 18:24

基法阿摩尼、
기 법 아 마 니

俄弗尼、
아 불 니

迦巴、
가 파

共十二邑、
공 십 이 읍

與其鄉里、
여 기 향 리

수 18:25

基遍、
기 편

拉瑪、
랍 마

比錄、
비 록

수 18:26

米斯巴、
미 사 파

基非拉、
기 비 랍

摩撒、
마 살

수 18:27

利堅、
리 견

伊利毘勒、
이 리 비 륵

他拉拉、
타 랍 랍

수 18:28

洗拉、
세 랍

以利弗、
이 리 불

耶布斯、
야포사

卽耶路撒冷、
즉야로살랭

基比亞、
기비아

基列、
기열

共十四邑、
공십사읍

與其鄕里、
여기향리

此乃便雅憫
차내편아민

裔之業、
예지업

循其室家、
순기실가

約書亞記 第十九章
약서아기 제십구장

수19:1

次掣籤、
차체첨

乃西緬支派、
내서면지파

循其室家得業、
순 기 실 가 득 업

其境在猶大
기 경 재 유 대

人業中、
인 업 중

수 19:2

所得之業、
소 득 지 업

乃別是巴、
내 별 시 파

或名示巴、
혹 명 시 파

及摩拉大、
급 마 립 대

수 19:3

哈薩書亞、
합 살 서 아

巴拉、
파 랍

以森、
이 상

수 19:4

伊利多拉、
이 리 다 랍

比土力、
비 토 력

何珥瑪、
하 이 마

수 19:5

洗革拉、
세 혁 랍

伯瑪加博、
백 마 가 박

哈薩蘇撒、
합 살 소 살

수 19:6

伯利巴勿、
백 리 파 물

沙魯險、
사 로 험

共十三邑、
공 십 삼 읍

與其鄉里、
여 기 향 리

수 19:7

亞因、
아 인

利門、
리 문

以帖、
이 첩

亞珊、
아 산

共四邑、
공 사 읍

與其鄉里、
여 기 향 리

수 19:8

及上諸邑四
급 상 제 읍 사

周鄉里、
주 향 리

延至巴拉比珥、
연 지 파 랍 비 이

卽南方拉瑪、
즉 남 방 랍 마

此乃西緬
차 내 서 면

支派之業、
지 파 지 업

循其室家、
순 기 실 가

수 19:9

因猶大人之
인 유 대 인 지

業不可勝用、
업 불 가 승 용

故西緬人得業、
고 서 면 인 득 업

在於其中、○
재 어 기 중

수 19:10

三掣籤、
삼 체 첨

乃西布倫裔、
내 서 포 륜 예

循其室家得業、
순 기 실 가 득 업

其境極於撒立、
기 경 극 어 살 립

수 19:11

轉西、
전 서

上至瑪拉拉、
상 지 마 랍 랍

達於大巴設、
달 어 대 파 설

延及約念
연급약념

相對之溪、
상대지계

수19:12
自撒立轉東、
자살립전동

向日出之所、
향일출지소

至吉斯綠他泊界、
지길사록타박계

延及大比拉、
연급대비랍

上至雅非亞、
상지이비아

수19:13
自此而東、
자차이동

至迦特希弗、
지가특희불

及以特加汛、
급이특가신

出臨門、
출림문

至尼亞、
지 니 아

수19:14

沿此而北、
연 차 이 북

至哈拿頓、
지 합 나 돈

極於伊弗他伊勒
극 어 이 불 타 이 륵

穀、
곡

수19:15

又有加他、
우 유 가 타

拿哈拉、
나 합 랍

伸崙、
신 륜

以大拉、
이 대 랍

伯利恆、
백 리 긍

共十二邑、
공 십 이 읍

與其鄉里、
여 기 향 리

수 19:16
以上諸邑、
이 상 제 읍

與其鄉里、
여 기 향 리

乃西布倫裔之業、
내 서 포 륜 예 지 업

循其室家、 ○
순 기 실 가

수 19:17
四擊籤、
사 체 첨

乃以薩迦裔、
내 이 살 가 예

循其室家得業、
순 기 실 가 득 업

수 19:18
其界內、
기 계 내

有耶斯列、
유 야 사 열

基蘇律、
기 소 률

書念、
서 념

수19:19

哈弗連、
합 불 련

示按、
시 안

亞拿哈拉、
아 나 합 랍

수19:20

拉璧、
랍 벽

基善、
기 선

亞別、
아 별

수19:21

利蔑、
리 멸

隱乾寧、
은 건 녕

隱哈大、
은 합 대

伯帕薛、
백 파 설

수19:22

延至他泊、
연 지 타 박

沙哈洗瑪、
사 합 세 마

伯示麥、
백 시 맥

極於約但、
극 어 약 단

共十六邑、
공 십 육 읍

與其鄉里、
여 기 향 리

수19:23

以上諸邑、
이 상 제 읍

與其鄉里、
여 기 향 리

乃以薩迦
내 이 살 가

支派之業、
지 파 지 업

循其室家、 ○
순 기 실 가

수19:24

五 掣 籤、
오 제 첨

乃 亞 設 支 派、
내 아 설 지 파

循 其 室 家 得 業、
순 기 실 가 득 업

수19:25
其 界 內、
기 계 내

有 黑 甲、
유 흑 갑

哈 利、
합 리

比 田、
비 전

押 煞、
압 살

수19:26
亞 拉 米 勒、
아 랍 미 륵

亞 末、
아 말

米 沙 勒、
미 사 륵

西至迦密及
서 지 가 밀 급

希曷立納、
희 갈 립 납

수 19:27

轉往日出之所、
전 왕 일 출 지 소

至伯大袞、
지 백 대 곤

及細布倫、
급 세 포 륜

轉北至伊弗他伊勒
전 북 시 이 불 타 이 륵

穀、
곡

及伯以墨、
급 백 이 묵

尼業、
니 업

達於迦步勒之左、
달 어 가 보 륵 지 좌

수 19:28

又至義伯崙、
우 지 의 백 륜

利合、
리 합

哈們、
합 문

加拿、
가 나

及西頓大邑、
급 서 돈 대 읍

수 19:29

轉至拉瑪、
전 지 랍 마

及推羅堅城、
급 추 라 견 성

又轉至何薩、
우 전 지 하 살

極於海、
극 어 해

在亞革悉境、
재 아 혁 실 경

수 19:30

又有烏瑪、
우 유 오 마

亞弗、
아 불

利合、
리 합

共二十二邑、
공 이 십 이 읍

與其鄉里、
여 기 향 리

수 19:31

以上諸邑、
이 상 제 읍

與其鄉里、
여 기 향 리

乃亞設支派之業、
내 아 설 지 파 지 업

循其室家、○
순 기 실 가

수 19:32

六掣籤、
육 체 첨

乃拿弗他利裔、
내 나 불 타 리 예

循其室家得業、
순 기 실 가 득 업

수 19:33

其界自希利弗、
기 계 자 희 리 불

及撒拿音橡樹、
급 살 나 음 상 수

亞大米尼吉、
아 대 미 니 길

雅比聶、
아 비 섭

至拉共、
지 랍 공

極於約但、
극 어 약 단

수 19:34

轉西至亞斯
전 서 지 아 사

納他泊、
납 타 박

由此而往戶割、
유 차 이 왕 호 할

南至西布倫、
남 지 서 포 륜

西至亞設、
서 지 아 설

東至猶大、
동 지 유 대

在約但濱、
재 약 단 빈

日出之所、
일 출 지 소

수19:35

其堅城、
기 견 성

乃西丁、
내 서 정

側珥、
측 이

哈末、
합 말

拉甲、
랍 갑

基尼烈、
기 니 렬

수19:36

亞大瑪、
아 대 마

拉瑪、
랍 마

夏瑣、
하 쇄

수19:37

基低斯、
기 저 사

以得來、
이 득 래

隱夏瑣、
은 하 쇄

수 19:38

以利穩、
이 리 온

密大伊勒、
밀 대 이 륵

和璉、
화 련

伯亞納、
백 아 납

伯示麥、
백 시 맥

共十九邑、
공 십 구 읍

與其鄉里、
여 기 향 리

수 19:39

以上諸邑、
이 상 제 읍

與其鄉里、
여 기 향 리

乃拿弗他利
내 나 불 타 리

支派之業、
지 파 지 업

循其室家、○
순 기 실 가

수 19:40

七掣籤、
칠 제 첨

乃但之支派、
내 단 지 지 파

循其室家得業、
순 기 실 가 득 업

수 19:41

其界內、
기 계 내

有瑣拉、
유 쇄 랍

以實陶、
이 실 도

伊珥示麥、
이 이 시 맥

수 19:42

沙拉賓、
사 랍 빈

亞雅倫、
아 아 륜

伊提拉、
이 제 랍

수19:43

以倫、
이 륜

亭拿他、
정 나 타

以革倫、
이 혁 륜

수19:44

伊利提基、
이 리 제 기

基比頓、
기 비 돈

巴拉、
파 랍

수19:45

伊胡得、
이 호 득

比尼比拉、
비 니 비 랍

迦特臨門、
가 특 림 문

수 19:46

美耶昆、
미 야 곤

拉昆、
랍 곤

與約帕相對之境、
여 약 파 상 대 지 경

수 19:47

厥後但人
궐 후 단 인

之界開拓、
지 계 개 척

或作厥後但人
혹 작 궐 후 단 인

失其土地往攻
실 기 토 지 왕 공

利善云云因其
리 선 운 운 인 기

往攻利善而取之、
왕 공 리 선 이 취 지

擊之以刃、
격 지 이 인

據而居之、
거 이 거 지

以祖但之名、
이 조 단 지 명

名利善曰但、
명 리 선 왈 단

수19:48

以上諸邑、
이 상 제 읍

與其鄉里、
여 기 향 리

乃但支派之業、
내 단 지 파 지 업

循其室家、○
순 기 실 가

수19:49

依界分地旣畢、
의 계 분 지 기 필

以色列人
이 색 열 인

乃於其中、
내 어 기 중

以地給嫩之子
이 지 급 눈 지 자

約書亞爲業、
약 서 아 위 업

수19:50

遵耶和華命、
준 야 화 화 명

以其所求之邑、
이 기 소 구 지 읍

以法蓮山地亭
이 법 련 산 지 정

拿西拉與之、
나 서 랍 여 지

遂重建其邑
수 중 건 기 읍

而居焉、
이 거 언

수 19:51

以上所載、
이 상 소 재

乃祭司以利亞撒、
내 제 사 이 리 아 살

與嫩之子約書亞、
여 눈 지 자 약 서 아

及以色列
급 이 색 열

支派族長、
지 파 족 장

在示羅會幕門、
재 시 라 회 막 문

耶和華前、
야 화 화 전
掣籤所分之業、
제 첨 소 분 지 업
於是分地之
어 시 분 지 지
事畢焉、
사 필 언

約書亞記 第二十章
약 서 아 기 제 이 십 장

수20:1
耶和華諭
야 화 화 유
約書亞曰、
약 서 아 왈

수20:2
告以色列人云、
고 이 색 열 인 운
當遵我藉摩西
당 준 아 자 마 서
所命爾者、
소 명 이 자
簡立逃城、
간 립 도 성

수 20:3

俾無心而誤
비 무 심 이 오

殺人者、
살 인 자

可遁於彼、
가 둔 어 피

爲爾逃避
위 이 도 피

復仇之所、
복 구 지 소

수 20:4

逃至斯邑者、
도 지 사 읍 자

當立邑門、
당 립 읍 문

自訴其事於長老、
자 소 기 사 어 장 로

長老接之入邑、
장 로 접 지 입 읍

給之以所、
급 지 이 소

使居其中、
사 거 기 중

수 20:5

若復仇者追之、
약 복 구 자 추 지

勿以殺人者
물 이 살 인 자

付於其手、
부 어 기 수

蓋彼誤殺其鄰、
개 피 오 살 기 린

素無仇恨、
소 무 구 한

수20:6

彼居是邑、
피 거 시 읍

迨其受鞫於
태 기 수 국 어

會衆前、
회 중 전

俟當時之
사 당 시 지

大祭司卒、
대 제 사 졸

乃返所逃出
내 반 소 도 출

之故邑、
지 고 읍

而歸其家、
이 귀 기 가

수 20:7

遂簡立加利利
수 간 립 가 리 리

之基低斯、
지 기 저 사

在拿弗他利山地、
재 나 불 타 리 산 지

示劍、
시 검

在以法蓮山地、
재 이 법 련 산 지

基列亞巴、
기 열 아 파

卽希伯崙、
즉 희 백 륜

在猶大山地、
재 유 대 산 지

수 20:8

又於約但濱、
우 어 약 단 빈

耶利哥東、
야 리 가 동

簡立流便
간 립 류 편

支派平原、
지 파 평 원

在野之比悉、
재 야 지 비 실

迦得支派基列
가 득 지 파 기 열

之拉末、
지 랍 말

瑪拿西支派
마 나 서 지 파

巴珊之哥蘭、
파 산 지 가 란

수20:9

斯邑既定、
사 읍 기 정

凡以色列人、
범 이 색 열 인

與其中賓旅、
여 기 중 빈 려

誤殺人者、
오 살 인 자

可逃於彼、
가 도 어 피

免死於復
면 사 어 복

仇者之手、
구 자 지 수

迨其受鞫於
태 기 수 국 어

會衆前、
회 중 전

約書亞記 第二十一章
약 서 아 기 제 이 십 일 장

수21:1

維時、
유 시

利未族長就
리 미 족 장 취

祭司以利亞撒、
제 사 이 리 아 살

與嫩之子約書亞、
여 눈 지 자 약 서 아

及以色列
급 이 색 열

支派族長、
지 파 족 장

於迦南地示羅、
어 가 남 지 시 라

수21:2

謂之曰、
위 지 왈

耶和華藉摩西
야 화 화 자 마 서

命給邑爲我居所、
명 급 읍 위 아 거 소

給郊以牧牲畜、
급 교 이 목 생 축

수21:3

以色列人、
이 색 열 인

遂遵耶和華命、
수 준 야 화 화 명

由其業中、
유 기 업 중

以邑與郊給利未
이 읍 여 교 급 리 미

人如左、○
인 여 좌

수21:4

爲哥轄室家掣籤、
위 가 할 실 가 체 첨

利未人中、
리 미 인 중

祭司亞倫之裔、
제 사 아 륜 지 예

由猶大西緬便雅憫
유 유 대 서 면 편 아 민

三支派中、
삼 지 파 중

得十三邑、
득 십 삼 읍

수 21:5

哥轄他裔、
가 할 타 예

由以法蓮及但
유 이 법 련 급 단

二支派、
이 지 파

與瑪拿西半
여 마 나 서 반

支派室家中、
지 파 실 가 중

得十邑、
득 십 읍

수 21:6

革順裔、
혁 순 예

由以薩迦亞設拿弗
유 이 살 가 아 설 나 불

他利三支派、
타 리 삼 지 파

與巴珊瑪拿西半支
여 파 산 마 나 서 반 지

派室家中、
파 실 가 중

得十三邑、
득 십 삼 읍

수 21:7

米拉利裔、
미 랍 리 예

循其室家、
순 기 실 가

由流便迦得西布倫
유 류 편 가 득 서 포 륜

三支派中、
삼 지 파 중

得十二邑、
득 십 이 읍

수 21:8

以上邑郊、
이 상 읍 교

乃以色列人掣籤、
내 이 색 열 인 체 첨

予利未人、
여 리 미 인

循耶和華藉摩西
순 야 화 화 자 마 서

所命、○
소 명

수 21:9

由猶大西緬
유 유 대 서 면

二支派中、
이 지 파 중

所予利未人之邑如
소 여 리 미 인 지 읍 여

左、
좌

수 21:10

利未人哥轄室家、
리 미 인 가 할 실 가

亞倫裔、
아 륜 예

首掣籤而得邑、
수 체 첨 이 득 읍

수 21:11

乃亞衲族祖亞巴
내 아 납 족 조 아 파

之邑、
지 읍

卽猶大山地之
즉 유 대 산 지 지

基列亞巴、
기 열 아 파

及其四郊、
급 기 사 교

수21:12

惟邑之田疇鄉里、
유 읍 지 전 주 향 리

予耶孚尼子迦勒
여 야 부 니 자 가 륵

爲業、
위 업

수21:13

予祭司亞倫裔者、
여 제 사 아 륜 예 자

乃殺人者之逃城
내 살 인 자 지 도 성

希伯崙與其郊、
희 백 륜 여 기 교

立拿與其郊、
립 나 여 기 교

수21:14
雅提珥與其郊、
아 제 이 여 기 교

以實提摩與其郊、
이 실 제 마 여 기 교

수21:15
何侖與其郊、
하 륜 여 기 교

底壁與其郊、
저 벽 여 기 교

수21:16
亞因與其郊、
아 인 여 기 교

淤他與其郊、
어 타 여 기 교

伯示麥與其郊、
백 시 맥 여 기 교

由此二支派中、
유 차 이 지 파 중

共予九邑、
공 여 구 읍

수21:17

又由便雅憫
우 유 편 아 민

支派中、
지 파 중

予以基遍與其郊、
여 이 기 편 여 기 교

迦巴與其郊、
가 파 여 기 교

수21:18

亞拿突與其郊、
아 나 돌 여 기 교

亞勒們與其郊、
아 륵 문 여 기 교

共四邑、
공 사 읍

수21:19

亞倫裔爲祭司者、
아 륜 예 위 제 사 자

共得十三邑、
공 득 십 삼 읍

與其郊、○
여 기 교

수21:20

利未人哥轄他
리 미 인 가 할 타

裔之室家、
예 지 실 가

由以法蓮支派中、
유 이 법 련 지 파 중

掣籤得邑、
체 첨 득 읍

수21:21

乃殺人者之逃城、
내 살 인 자 지 도 성

卽以法蓮山地之
즉 이 법 련 산 지 지

示劍與其郊、
시 검 여 기 교

基色與其郊、
기 섹 여 기 교

수21:22

基伯先與其郊、
기 백 선 여 기 교

伯和崙與其郊、
백 화 륜 여 기 교

共四邑、
공 사 읍

수21:23

由但之支派中、
유 단 지 지 파 중

得伊利提基
득 이 리 제 기

與其郊、
여 기 교

基比頓與其郊、
기 비 돈 여 기 교

수21:24

亞雅侖與其郊、
아 아 륜 여 기 교

迦特臨門與其郊、
가 특 림 문 여 기 교

共四邑、
공 사 읍

수21:25

由瑪拿西半
유 마 나 서 반

支派中、
지 파 중

得他納與其郊、
득 타 납 여 기 교

迦特臨門與其郊、
가 특 림 문 여 기 교

共二邑、
공 이 읍

수21:26

哥轄他裔之室家、
가 할 타 예 지 실 가

共得十邑與
공 득 십 읍 여

其郊、○
기 교

수 21:27

利未室家革順裔、
리 미 실 가 혁 순 예

由瑪拿西
유 마 나 서

半支派中、
반 지 파 중

得殺人者之逃城、
득 살 인 지 지 도 성

卽巴珊之哥
즉 파 산 지 가

蘭與其郊、
란 여 기 교

比施提拉與其郊、
비 시 제 랍 여 기 교

共二邑、
공 이 읍

수 21:28

由以薩迦支派中、
유 이 살 가 지 파 중

得基善與其郊、
득 기 선 여 기 교

大比拉與其郊、
대 비 랍 여 기 교

수21:29

耶末與其郊、
야 말 여 기 교

隱乾寧與其郊、
은 건 녕 여 기 교

共四邑、
공 사 읍

수21:30

由亞設支派中、
유 아 설 지 파 중

得米沙勒與其郊、
득 미 사 륵 여 기 교

押頓與其郊、
압 돈 여 기 교

수21:31

黑甲與其郊、
흑 갑 여 기 교

利合與其郊、
리 합 여 기 교

共四邑、
공 사 읍

수21:32

由拿弗他利
유 나 불 타 리

支派中、
지 파 중

得殺人者之逃城、
득 살 인 자 지 도 성

即加利利之
즉 가 리 리 지

基低斯與其郊、
기 저 사 여 기 교

哈末多珥與其郊、
합 밀 디 이 여 기 교

加珥坦與其郊、
가 이 탄 여 기 교

共三邑、
공 삼 읍

수21:33

革順裔循其室家、
혁 순 예 순 기 실 가

共得十三邑
공 득 십 삼 읍

與其郊、○
여 기 교

수21:34

其餘利未人、
기 여 리 미 인

米拉利裔之室家、
미 랍 리 예 지 실 가

由西布倫支派中、
유 서 포 륜 지 파 중

得約念與其郊、
득 약 념 여 기 교

加珥他與其郊、
가 이 타 여 기 교

수21:35

丁拿與其郊、
정 나 여 기 교

拿哈拉與其郊、
나 합 랍 여 기 교

共四邑、
공 사 읍

수21:36

由流便支派中、
유 류 편 지 파 중

得比悉與其郊、
득 비 실 여 기 교

雅雜與其郊、
아 잡 여 기 교

수21:37

基底莫與其郊、
기 저 막 여 기 교

米法押與其郊、
미 법 압 여 기 교

共四邑、
공 사 읍

수21:38

由迦得支派中、
유 가 득 지 파 중

得殺人者之逃城、
득 살 인 자 지 도 성

卽基列之拉末
즉 기 열 지 랍 말

與其郊、
여 기 교

瑪哈念與其郊、
마 합 념 여 기 교

수21:39

希實本與其郊、
희 실 본 여 기 교

雅謝與其郊、
아 사 여 기 교

共四邑、
공 사 읍

수21:40
利未人米拉利裔、
리 미 인 미 랍 리 예
循其室家、
순 기 실 가
共得十二邑、
공 득 십 이 읍

수21:41
利未人在以色列
리 미 인 재 이 색 열
族中、
족 중
共得四十八邑
공 득 사 십 팔 읍
與其郊、
여 기 교

수21:42
邑有四郊、
읍 유 사 교
各邑皆然、○
각 읍 개 연

수21:43

耶和華以全地
야 화 화 이 전 지
賜以色列人、
사 이 색 열 인
卽昔誓許其列
즉 석 서 허 기 열
祖者、
조 자
以色列人
이 색 열 인
據而居之、
거 이 거 지

수21:44

耶和華使之
야 화 화 시 지
四周綏安、
사 주 수 안
如其所誓
여 기 소 서
厥祖之言、
궐 조 지 언
以敵付於其手、
이 적 부 어 기 수
諸敵莫之能禦、
제 적 막 지 능 어

수21:45
耶和華所許錫
야 화 화 소 허 석
嘏以色列家、
하 이 색 열 가
其言悉應無遺、
기 언 실 응 무 유

約書亞記 第二十二章
약 서 아 기 제 이 십 이 장

수22:1
維時、
유 시
約書亞召流便人、
약 서 아 소 류 편 인
迦得人、
가 득 인
及瑪拿西
급 마 나 서
半支派人、
반 지 파 인

수22:2
告之曰、
고 지 왈
耶和華僕摩西
야 화 화 복 마 서

所命、
소 명

爾悉遵守、
이 실 준 수

我之所命、
아 지 소 명

爾亦聽從、
이 역 청 종

수22:3

至今日久、
지 금 일 구

不離爾兄弟、
불 리 이 형 제

且守爾祆上帝
자 수 이 천 상 제

耶和華所命、
야 화 화 소 명

수22:4

今爾祆上帝耶和華
금 이 천 상 제 야 화 화

踐其前言、
천 기 전 언

使爾兄弟得
사 이 형 제 득

其綏安、
기 수 안

爾可返幕、
이 가 반 막

在約但東、
재 약 단 동

耶和華僕摩西所
야 화 화 복 마 서 소

賜爾爲業之地、
사 이 위 업 지 지

수22:5

惟當謹愼、
유 당 근 신

遵行耶和華僕摩西
준 행 야 화 화 복 마 서

所諭爾之誡命法
소 유 이 지 계 명 법

度、
도

愛爾祆上帝
애 이 천 상 제

耶和華、
야 화 화

悉從其道、
실 종 기 도

盡守其誡、
진 수 기 계

一心一意
일 심 일 의

附而事之、
부 이 사 지

수22:6

於是約書亞
어 시 약 서 아

爲之祝嘏、
위 지 축 하

而遣之往、
이 견 지 왕

遂歸其幕、○
수 귀 기 막

수22:7

昔摩西在巴珊、
석 마 서 재 파 산

給業於瑪拿西
급 업 어 마 나 서

半支派、
반 지 파

其他半支派、
기 타 반 지 파

約書亞給之以
약 서 아 급 지 이
業於兄弟中、
업 어 형 제 중
在約但西、
재 약 단 서
遣之歸幕時、
견 지 귀 막 시
爲之祝嘏、
위 지 축 하

수 22:8
謂曰、
위 왈
爾攜資財豐裕、
이 휴 자 재 풍 유
牲畜殷繁、
생 축 은 번
金銀銅鐵、
금 은 동 철
衣服孔多、
의 복 공 다
今返爾幕、
금 반 이 막
以爾所獲敵財、
이 이 소 획 적 재

分與兄弟、○
분 여 형 제

수22:9

於是流便人、
어 시 류 편 인

迦得人、
가 득 인

瑪拿西半支派人、
마 나 서 반 지 파 인

別以色列族、
별 이 색 열 족

離迦南之示羅、
리 가 남 지 시 리

歸基列地、
귀 기 열 지

即循耶和華藉
즉 순 야 화 화 자

摩西所命、
마 서 소 명

而據之業、
이 거 지 업

수22:10

旣至迦南地、
기 지 가 남 지

近約但之境、
근 약 단 지 경

乃築高壇、
내 축 고 단

巍然可觀、
외 연 가 관

수 22:11

以色列聞流便人、
이 색 열 문 류 편 인

迦得人、
가 득 인

瑪拿西半支派人、
마 나 서 반 지 파 인

在迦南地、
재 가 남 지

近約但之境、
근 약 단 지 경

以色列人
이 색 열 인

界內築壇、
계 내 축 단

수 22:12

以色列會衆遂
이 색 열 회 중 수

集於示羅、
집 어 시 라

欲往攻之、
욕 왕 공 지

수22:13

遣祭司以利亞撒子
견 제 사 이 리 아 살 자

非尼哈往基列地、
비 니 합 왕 기 열 지

見流便人、
견 류 편 인

迦得人、
가 득 인

瑪拿西半支派人、
마 나 서 반 지 파 인

수22:14

又遣以色列
우 견 이 색 열

各支派牧伯十人、
각 지 파 목 백 십 인

即以色列億兆之
즉 이 색 열 억 조 지

族長偕往、
족 장 해 왕

수22:15

咸至基列地、
함 지 기 열 지

見流便人、
견 류 편 인

迦得人、
가 득 인

瑪拿西半
마 나 서 반

支派人曰、
지 파 인 왈

수22:16

耶和華會衆云、
야 화 화 회 중 운

爾今轉離、
이 금 전 리

不從耶和華、
불 종 야 화 화

干犯以色列之
간 범 이 색 열 지

祆上帝、
천 상 제

爲己築壇、
위 기 축 단

悖逆耶和華、
패 역 야 화 화

此何罪耶、
차 하 죄 야

수22:17

昔拜毘珥之罪、
석 배 비 이 지 죄

我儕以爲小乎、
아 제 이 위 소 호

耶和華會衆
야 화 화 회 중

緣此遘癘、
연 차 구 려

至今罪未盡免、
지 금 죄 미 진 면

수22:18

爾今又欲轉離、
이 금 우 욕 전 리

不從耶和華乎、
불 종 야 화 화 호

今日悖逆耶和華、
금 일 패 역 야 화 화

明日彼必怒
명 일 피 필 노

以色列會衆、
이 색 열 회 중

수22:19

如爾所得之地、
여 이 소 득 지 지

以爲不潔、
이 위 불 결

可歸耶和華會幕
가 귀 야 화 화 회 막

所在之地、
소 재 지 지

得業於我儕中、
득 업 어 아 제 중

但除我祆上帝
단 제 아 천 상 제

耶和華壇外、
야 화 화 단 외

勿築別壇、
물 축 별 단

悖逆耶和華
패 역 야 화 화

及我儕、
급 아 제

수22:20

昔謝拉裔亞干、
석 사 랍 예 아 간

豈非於當滅之
기 비 어 당 멸 지

物干罪、
물 간 죄

致怒及於以色列
치 노 급 어 이 색 열

會衆乎、
회 중 호

是其人之罪、
시 기 인 지 죄

不獨亡一人也、○
불 독 망 일 인 야

수22:21

流便人、
류 편 인

迦得人、
가 득 인

瑪拿西半支派人、
마 나 서 반 지 파 인

對以色列億兆之
대 이 색 열 억 조 지

族長曰、
족 장 왈

수22:22

全能之祆上帝
전 능 지 천 상 제

耶和華、
야화화

全能之祆上帝
전능지천상제

耶和華知之、
야화화지지

以色列人
이색열인

亦將知之、
역장지지

如我悖逆耶和華、
여아패역야화화

或干犯之、
혹간범지

願其今日不救我、
원기금일불구아

수22:23

若我築壇、
약아축단

轉離不從耶和華、
전리불종야화화

或獻燔祭素祭酬
혹헌번제소제수

恩祭於其上、
은제어기상

願耶和華討之、
원 야 화 화 토 지

수22:24

我儕行此、
아 제 행 차

乃由預防之故、
내 유 예 방 지 고

有意而爲、
유 의 이 위

言恐日後爾裔
언 공 일 후 이 예

謂我裔曰、
위 아 예 왈

爾與以色列之祆
이 여 이 색 열 지 천

上帝耶和華何與、
상 제 야 화 화 하 여

수22:25

爾流便人、
이 류 편 인

迦得人歟、
가 득 인 여

耶和華旣定約但
야 화 화 기 정 약 단

爲爾我之界、
위 이 아 지 계

爾與耶和華無與、
이 여 야 화 화 무 여

如是、
여 시

爾裔必使我裔不
이 예 필 사 아 예 불

寅畏耶和華、
인 외 야 화 화

수22:26

故曰、
고 왈

不如築壇、
불 여 축 단

非爲獻燔祭
비 위 헌 번 제

或他祭、
혹 타 제

수22:27

惟在爾我間、
유 재 이 아 간

及爾我之
급 이 아 지

裔問爲證、
예 간 위 증

使我亦以燔祭、
사 아 역 이 번 제

酬恩祭、
수 은 제

及他祭、
급 타 제

供事於耶和華前、
공 사 어 야 화 화 전

免日後爾裔
면 일 후 이 예

謂我裔曰、
위 아 예 왈

爾與耶和華無與、
이 여 야 화 화 무 여

수22:28

故曰、
고 왈

日後有人
일 후 유 인

以此問我、
이 차 문 아

或我後裔、
혹 아 후 예

則可答曰、
칙 가 답 왈

試觀我祖所築
시 관 아 조 소 축

耶和華壇之式、
야 화 화 단 지 식

非爲獻燔祭
비 위 헌 번 제

及他祭、
급 타 제

惟在爾我間爲
유 재 이 아 간 위

證而已、
증 이 이

수 22:29

我今決不悖逆
아 금 결 불 패 역

耶和華、
야 화 화

轉離不從之、
전 리 불 종 지

在我袄上帝耶和華
재 아 천 상 제 야 화 화

幕前之壇外、
막 전 지 단 외

更築他壇、
경 축 타 단

以獻燔祭素
이 헌 번 제 소

祭及他祭、○
제 급 타 제

수22:30

祭司非尼哈、
제 사 비 니 합

及所偕會衆
급 소 해 회 중

之牧伯、
지 목 백

卽以色列億兆
즉 이 색 열 억 조

之族長、
지 족 장

聞流便迦得瑪拿西
문 류 편 가 득 마 나 서

人之言則悅、
인 지 언 칙 열

수22:31

祭司以利亞撒
제 사 이 리 아 살

子非尼哈、
자비니합

謂流便迦得瑪拿西
위류편가득마나서

人曰、
인왈

我今日知耶和華
아금일지야화화

在我儕中、
재아제중

因爾未干罪於
인이미간죄어

耶和華、
야화화

援以色列人脫於
원이색열인탈어

耶和華手、
야화화수

수22:32

祭司以利亞撒
제사이리아살

子非尼哈、
자비니합

與諸牧伯、
여제목백

別流便迦得人、
별 류 편 가 득 인

離基列、
리 기 열

返迦南、
반 가 남

見以色列
견 이 색 열

人而覆之、
인 이 복 지

수22:33

以色列人亦悅之、
이 색 열 인 역 열 지

頌美祆上帝、
송 미 친 상 제

不復言往攻
불 복 언 왕 공

流便迦得人、
류 편 가 득 인

毁其所居之地、
훼 기 소 거 지 지

수22:34

流便迦得人
류 편 가 득 인

名其壇曰證、
명 기 단 왈 증

蓋曰耶和華爲
개 왈 야 화 화 위

祆上帝、
천 상 제

是壇於爾我
시 단 어 이 아

間爲證也、
간 위 증 야

約書亞記 第二十三章
약 서 아 기 제 이 십 삼 장

수23:1

耶和華使以色列
야 화 화 사 이 색 열

人綏安、
인 수 안

脫於四周之敵、
탈 어 사 주 지 적

歷日已久、
력 일 이 구

約書亞亦
약 서 아 역

壽高年邁、
수 고 년 매

수23:2

乃召以色列衆、
내 소 이 색 열 중

及其長老族長、
급 기 장 로 족 장

士師有司、
사 사 유 사

謂之曰、
위 지 왈

我壽高年邁、
아 수 고 년 매

수23:3

爾祇上帝耶和華
이 천 상 제 야 화 화

緣爾故、
연 이 고

所行於列國者、
소 행 어 열 국 자

爾所目擊、
이 소 목 격

蓋爲爾戰者、
개 위 이 전 자

乃爾祇上帝
내 이 천 상 제

耶和華也、
야 화 화 야

수23:4

自約但至大海
자 약 단 지 대 해

日入之鄉、
일 입 지 향

所遺之民、
소 유 지 민

及我所滅之族、
급 아 소 멸 지 족

我以其地分與
아 이 기 지 분 여

爾諸支派爲業、
이 제 지 파 위 업

수23:5

爾祇上帝耶和華
이 천 상 제 야 화 화

必逐斯民於爾前、
필 축 사 민 어 이 전

使離爾目、
사 리 이 목

爾則據有其地、
이 칙 거 유 기 지

如 爾 祆 上 帝
여 이 천 상 제

耶 和 華 所 言、
야 화 화 소 언

수 23:6

故 當 毅 然 遵 行
고 당 의 연 준 행

摩 西 律 書 所 錄、
마 서 율 서 소 록

勿 偏 於 左、
물 편 어 좌

勿 偏 於 右、
물 편 어 우

수 23:7

爾 中 遺 民、
이 중 유 민

勿 與 之 交、
물 여 지 교

勿 稱 其 神 之 名、
물 칭 기 신 지 명

勿 指 以 誓、
물 지 이 서

勿 奉 事、
물 봉 사

勿跪拜、
물 궤 배

수23:8
惟親近爾祆上帝
유 친 근 이 천 상 제
耶和華、
야 화 화
如素所爲、
여 소 소 위

수23:9
強大之民、
강 대 지 민
耶和華逐
야 화 화 축
之於爾前、
지 어 이 전
無能禦爾、
무 능 어 이
至於今日、
지 어 금 일

수23:10
爾中之人、
이 중 지 인
一能驅千、
일 능 구 천

蓋爾祆上帝耶和華
개 이 천 상 제 야 화 화

爲爾戰、
위 이 전

如其所言、
여 기 소 언

수23:11

故當謹愼、
고 당 근 신

愛爾祆上帝
애 이 천 상 제

耶和華、
야 화 화

수23:12

爾若轉而合
이 약 전 이 합

於爾中遺民、
어 이 중 유 민

與之嫁娶往來、
여 지 가 취 왕 래

수23:13

則當確知爾祆上帝耶
칙 당 확 지 이 천 상 제 야

和華、
화 화

必不復逐斯
필 불 복 축 사

民於爾目前、
민 어 이 목 전

彼必於爾爲網羅、
피 필 어 이 위 망 라

爲機檻、
위 기 함

脅下之鞭、
협 하 지 편

目中之刺、
목 중 지 자

迨爾滅亡、
태 이 멸 망

於爾袄上帝耶和華所
어 이 천 상 제 야 화 화 소

賜之美地、
사 지 미 지

수 23:14

今我將行擧
금 아 장 행 거

世必行之路、
세 필 행 지 로

爾乃一心一意、
이 내 일 심 일 의

知爾祆上帝耶和華所
지 이 천 상 제 야 화 화 소

許賜爾之福、
허 사 이 지 복

無或少遺、
무 혹 소 유

無一弗應、
무 일 불 응

수23:15

爾祆上帝耶和華所許
이 천 상 제 야 화 화 소 허

之福旣已臨爾、
지 복 기 이 림 이

諸禍亦必臨爾、
제 화 역 필 림 이

迨爾祆上帝耶和華滅
태 이 천 상 제 야 화 화 멸

絕爾、
절 이

於其所賜之美地、
어 기 소 사 지 미 지

수23:16

如爾背爾祆上帝
여 이 배 이 천 상 제

耶和華所命之約、
야 화 화 소 명 지 약

崇事他神、
숭 사 타 신

而跪拜之、
이 궤 배 지

耶和華必震
야 화 화 필 진

怒乎爾、
노 호 이

致爾速亡於其
치 이 속 망 어 기

所賜之美地、
소 사 지 미 지

約書亞記 第二十四章
약 서 아 기 제 이 십 사 장

수24:1

約書亞集以色列
약 서 아 집 이 색 열

諸支派於示劍、
제 지 파 어 시 검

召其長老族長、
소 기 장 로 족 장

士師有司、
사 사 유 사

咸 至、
함 지

立 於 祆 上 帝 前、
립 어 천 상 제 전

수24:2

約 書 亞 謂 民 曰、
약 서 아 위 민 왈

以 色 列 之 祆 上 帝
이 색 열 지 천 상 제

耶 和 華 云、
야 화 화 운

古 昔 爾 祖
고 석 이 조

亞 伯 拉 罕、
아 백 랍 한

及 拿 鶴 之 父 他 拉、
급 나 학 지 부 타 랍

居 於 河 東、
거 어 하 동

崇 事 他 神、
숭 사 타 신

수24:3

我 携 爾 祖
아 휴 이 조

亞伯拉罕、
아백랍한

自河東導之遍行
자하동도지편행

迦南地、
가남지

賜之以撒、
사지이살

繁其苗裔、
번기묘예

수24:4

又賜以撒生雅各、
우사이살생아각

以掃、
이소

以西珥山錫
이서이산석

以掃爲業、
이소위업

惟雅各與其
유아각여기

子孫下埃及、
자손하애급

수24:5

我遣摩西亞倫、
아 견 마 서 아 륜

且降災於埃及、
차 강 재 어 애 급

依我所行、
의 아 소 행

後導爾出、
후 도 이 출

수 24:6

爾祖出埃及、
이 조 출 애 급

至紅海、
지 홍 해

埃及人率車騎
애 급 인 솔 차 기

追至海濱、
추 지 해 빈

수 24:7

彼呼籲耶和華、
피 호 유 야 화 화

則置幽暗於爾
칙 치 유 암 어 이

與埃及人間、
여 애 급 인 간

並使海水
병 사 해 수

反淹其人、
반 엄 기 인

我所行於埃及、
아 소 행 어 애 급

乃爾目擊、
내 이 목 격

爾居曠野、
이 거 광 야

歷時旣久、
력 시 기 구

수 24:8

我導爾入亞摩利
아 도 이 입 아 마 리

人所居之地、
인 소 거 지 지

在約但東、
재 약 단 동

彼與爾戰、
피 여 이 전

我付之於爾手、
아 부 지 어 이 수

滅之於爾前、
멸 지 어 이 전

爾遂據有其地、
이 수 거 유 기 지

수24:9

其時摩押王
기 시 마 압 왕

西撥子巴勒、
서 발 자 파 륵

起攻以色列人、
기 공 이 색 열 인

遣人召比珥子
견 인 소 비 이 자

巴蘭詛爾、
파 란 서 이

수24:10

我不聽之、
아 불 청 지

彼乃祝爾、
피 내 축 이

如是救爾
여 시 구 이

脫於其手、
탈 어 기 수

수24:11

爾過約但、
이 과 약 단

至耶利哥、
지 야 리 가

耶利哥人、
야 리 가 인

亞摩利人、
아 마 리 인

比利洗人、
비 리 세 인

迦南人、
가 남 인

赫人、
혁 인

革迦撒人、
혁 가 살 인

希未人、
희 미 인

耶布斯人、
야 포 사 인

咸與爾戰、
함 여 이 전

我悉付之爾手、
아 실 부 지 이 수

수 24:12

使大蜂驅亞摩利
사 대 봉 구 아 마 리

二王於爾前、
이 왕 어 이 전

不藉爾刃爾弓、
불 자 이 인 이 궁

수24:13

非爾所墾之地、
비 이 소 간 지 지

我以賜爾、
아 이 사 이

非爾所建之邑、
비 이 소 건 지 읍

賜爾居之、
사 이 기 지

非爾所植之
비 이 소 식 지

葡萄園、
포 도 원

橄欖園、
감 람 원

爾食其果、
이 식 기 과

수24:14

今當寅畏耶和華、
금 당 인 외 야 화 화

以眞以誠崇事之、
이 진 이 성 숭 사 지
去除爾祖昔
거 제 이 조 석
在河東、
재 하 동
曁在埃及所
기 재 애 급 소
事之神、
사 지 신
惟崇事耶和華、
유 숭 사 야 화 화

수 24:15

爾若以事耶和華
이 약 이 사 야 화 화
爲不善、
위 불 선
今日可擇所
금 일 가 택 소
欲事者、
욕 사 자
或爾祖在河東
혹 이 조 재 하 동
所事之神、
소 사 지 신

或爾所居斯土、
혹 이 소 거 사 토

亞摩利人之神、
아 마 리 인 지 신

至我及我家、
지 아 급 아 가

必事耶和華、
필 사 야 화 화

수24:16

民對曰、
민 대 왈

我決不離棄
아 결 불 리 기

耶和華、
야 화 화

而事他神、
이 사 타 신

수24:17

蓋我天上帝耶和華
개 아 천 상 제 야 화 화

導我祖及我出
도 아 조 급 아 출

埃及、
애 급

脫於奴隸之室、
탈 어 노 례 지 실

行大異蹟、
행 대 이 적

使我目擊、
사 아 목 격

護我於所行之途、
호 아 어 소 행 지 도

所過之國、
소 과 지 국

수24:18

耶和華又於
야 화 화 우 어

我前驅逐諸民、
아 전 구 축 제 민

卽居斯土之
즉 거 사 토 지

亞摩利人、
아 마 리 인

故我亦必事
고 아 역 필 사

耶和華、
야 화 화

以其爲我
이 기 위 아

祆上帝也、
천 상 제 야

수24:19

約書亞曰、
약 서 아 왈

爾不能事耶和華、
이 불 능 사 야 화 화

因彼乃維聖之
인 피 내 유 성 지

祆上帝、
천 상 제

忌邪之祆上帝、
기 사 지 천 상 제

不赦爾之罪愆、
불 사 이 지 죄 건

수24:20

爾若離棄耶和華、
이 약 리 기 야 화 화

而事異族之神、
이 사 이 족 지 신

則彼福爾之後、
칙 피 복 이 지 후

轉而禍爾、
전 이 화 이

至於滅亡、
지어멸망

수24:21

民曰、
민왈

不然、
불연

我必奉事耶和華、
아필봉사야화화

수24:22

約書亞曰、
약서아왈

爾擇耶和華
이택야화화

而事之、
이사지

爾自爲證、
이자위증

曰、
왈

我自爲證、
아자위증

수24:23

曰、
왈

爾中所有
이 중 소 유

異族之神、
이 족 지 신

今當去之、
금 당 거 지

專心歸從以色列
전 심 귀 종 이 색 열

之祆上帝耶和華、
지 천 상 제 야 화 화

수 24:24

民曰、
민 왈

我必奉事我祆上帝
아 필 봉 사 아 천 상 제

耶和華、
야 화 화

而聽其言、
이 청 기 언

수 24:25

是日約書亞
시 일 약 서 아

與民立約、
여 민 립 약

爲之定典章
위 지 정 전 장

律例於示劍、
률 례 어 시 검

수24:26

約書亞以此言
약 서 아 이 차 언

錄於祆上帝律書、
록 어 천 상 제 률 서

立大石於橡下、
립 대 석 어 상 하

在耶和華
재 야 화 화

聖所之側、
성 소 지 측

수24:27

謂民曰、
위 민 왈

耶和華諭我之言、
야 화 화 유 아 지 언

此石悉聞之、
차 석 실 문 지

可對我爲證、
가 대 아 위 증

必爲爾證、
필 위 이 증

免爾違爾祆上帝、
면 이 위 이 천 상 제

수24:28

約書亞遂遣衆
약 서 아 수 견 중

各歸其業、○
각 귀 기 업

수24:29

此後、
차 후

耶和華僕嫩之
야 화 화 복 눈 지

子約書亞卒、
자 약 서 아 졸

年百有十歲、
년 백 유 십 세

수24:30

葬於其業之界、
장 어 기 업 지 계

即亭拿西拉、
즉 정 나 서 랍

在以法蓮山地、
재 이 법 련 산 지

迦實岡北、
가 실 강 북

수24:31
約書亞存日、
약 서 아 존 일
以色列人奉事
이 색 열 인 봉 사
耶和華、
야 화 화
約書亞卒後、
약 서 아 졸 후
長老尚在時、
장 로 상 재 시
亦然、
역 연
以斯長老知耶和華
이 사 장 로 지 야 화 화
爲以色列人所行
위 이 색 열 인 소 행
之事也、○
지 사 야

수24:32
約瑟之骨、
약 슬 지 골

以色列人自
이 색 열 인 자

埃及攜出者、
애 급 휴 출 자

葬於示劍、
장 어 시 검

在雅各以百金、
재 아 각 이 백 금

自示劍父哈抹
자 시 검 부 합 말

裔所購之地、
예 소 구 지 지

爲約瑟裔之業、
위 약 슬 예 지 업

수 24:33

亞倫子以利
아 륜 자 이 리

亞撒卒、
아 살 졸

葬於以法蓮山地、
장 어 이 법 련 산 지

其子非尼哈所
기 자 비 니 합 소

得之岡、
득 지 강

士師記 第一章
사 사 기 제 일 장

삿 1:1

約書亞卒後、
약 서 아 졸 후

以色列人諮諏
이 색 열 인 자 추

耶和華曰、
야 화 화 왈

孰可先往、
숙 가 선 왕

爲我攻迦南人、
위 아 공 가 남 인

與之戰、
여 지 전

삿 1:2

耶和華曰、
야 화 화 왈

猶大人可往、
유 대 인 가 왕

我以斯土
아 이 사 토

付於其手、
부 어 기 수

삿 1:3

猶 大 人 謂 其 兄 弟
유 대 인 위 기 형 제

西 緬 人 曰、
서 면 인 왈

爾 與 我 同 往、
이 여 아 동 왕

至 我 所 得 之 地、
지 아 소 득 지 지

與 迦 南 人 戰、
여 가 남 인 전

厥 後 我 亦
궐 후 아 역

與 爾 同 往、
여 이 동 왕

至 爾 所 得 之 地、
지 이 소 득 지 지

西 緬 人 遂 偕 行、
서 면 인 수 해 행

삿 1:4

猶 大 人 乃 往、
유 대 인 내 왕

耶 和 華 以 迦 南 人 比 利
야 화 화 이 가 남 인 비 리

洗人付於其手、
세 인 부 어 기 수

在比色殺
재 비 색 살

其人一萬、
기 인 일 만

삿 1:5

於彼遇亞多
어 피 우 아 다

尼比色、
니 비 색

與之戰、
여 지 전

擊敗迦南人、
격 패 가 남 인

比利洗人、
비 리 세 인

삿 1:6

亞多尼比色遁、
아 다 니 비 색 둔

追而擒之、
추 이 금 지

斷其手之巨擘、
단 기 수 지 거 벽

足之將指、
족 지 장 지

삿 1:7

亞多尼比色曰、
아 다 니 비 색 왈

昔有七十王、
석 유 칠 십 왕

斷其手之巨擘、
단 기 수 지 거 벽

足之將指、
족 지 장 지

拾食於我幾下、
습 식 어 아 기 하

今祆上帝依我所行以
금 천 상 제 의 아 소 행 이

報、
보

乃攜至耶路撒冷、
내 휴 지 야 로 살 랭

而死於彼、〇
이 사 어 피

삿 1:8

猶大人攻耶路撒冷取
유 대 인 공 야 로 살 랭 취

之、
지

擊之以刃、
격지이인

燬之以火、
훼지이화

삿 1:9

厥後、
궐후

往攻居山地南土窪地
왕공거산지남토와지

之迦南人、
지가남인

삿 1:10

又攻居希伯崙之迦南
우공거희백륜지가남

人、
인

擊示篩、
격시사

亞希幔、
아희만

撻買、
달매

希伯崙昔名基列亞
희 백 륜 석 명 기 열 아

巴、
파

삿1:11

由此往攻底壁居民、
유 차 왕 공 저 벽 거 민

底壁昔名基列西弗、
저 벽 석 명 기 열 서 불

삿1:12

迦勒曰、
가 륵 왈

擊基列西弗而取之
격 기 열 서 불 이 취 지

者、
자

我必以女押撒妻之、
아 필 이 녀 압 살 처 지

삿1:13

迦勒弟基納斯子俄陀
가 륵 제 기 납 사 자 아 타

聶取之、
섭 취 지

迦勒遂妻以女押撒、
가 륵 수 처 이 녀 압 살

삿 1:14

於歸時、
어 귀 시

勸夫求田於父、
권 부 구 전 어 부

女旣下驢、
녀 기 하 려

迦勒曰、
가 륵 왈

爾何欲、
이 하 욕

삿 1:15

曰、
왈

求錫嘏於我、
구 석 하 어 아

父旣嫁我於南土、
부 기 가 아 어 남 토

今請賜我以泉、
금 청 사 아 이 천

迦勒遂以上下泉予
가 륵 수 이 상 하 천 여

之、○
지

삿 1:16

摩西外戚、
마서외척

基尼人也、
기니인야

其裔偕猶大人離椶樹
기예해유대인리종수

城、
성

至亞拉得南之猶大
지아랍득남지유대

野、
야

與民同居、
여민동거

삿 1:17

猶大人與其兄弟西緬
유대인여기형제서면

人偕往、
인해왕

擊居洗法之迦南人、
격거세법지가남인

毀滅其邑、
훼멸기읍

遂名曰何珥瑪、
수명왈하이마

삿 1:18

猶大人又取迦薩、
유 대 인 우 취 가 살

亞實基倫、
아 실 기 륜

以革倫、
이 혁 륜

曁其四境、
기 기 사 경

삿 1:19

耶和華與猶大人偕、
야 화 화 여 유 대 인 해

遂據有山地、
수 거 유 산 지

惟不能逐居谷中者、
유 불 능 축 거 곡 중 자

以其有鐵車故也、
이 기 유 철 차 고 야

삿 1:20

遵摩西命、
준 마 서 명

以希伯崙予迦勒、
이 희 백 륜 여 가 륵

遂逐亞衲三子、
수 축 아 납 삼 자

삿 1:21

居耶路撒冷之耶布斯
거 야 로 살 랭 지 야 포 사

人、
인

便雅憫人未逐之、
편 아 민 인 미 축 지

仍在耶路撒冷、
잉 재 야 로 살 랭

與便雅憫人偕居、
여 편 아 민 인 해 거

至於今日、○
지 어 금 일

삿 1:22

約瑟家往攻伯特利、
약 슬 가 왕 공 백 특 리

耶和華偕之、
야 화 화 해 지

삿 1:23

伯特利昔名路斯、
백 특 리 석 명 로 사

約瑟家遣人窺之、
약 슬 가 견 인 규 지

삿 1:24

偵者見一人自邑出、
정 자 견 일 인 자 읍 출

謂之曰、
위 지 왈

入邑之路、
입 읍 지 로

請爾示我、
청 이 시 아

我必善待爾、
아 필 선 대 이

삿 1:25
其人示以入邑之路、
기 인 시 이 입 읍 지 로

遂刃擊其邑、
수 인 격 기 읍

惟釋其人、
유 석 기 인

及其全家、
급 기 전 가

삿 1:26
其人乃往赫人之地建
기 인 내 왕 혁 인 지 지 건

邑、
읍

名曰路斯、
명 왈 로 사

迄今其名尚存、○
흘 금 기 명 상 존

삿 1:27

伯善、
백 선

他納、
타 납

多珥、
다 이

以伯蓮、
이 백 련

米吉多、
미 길 다

及其鄉里之民、
급 기 향 리 지 민

瑪拿西人未逐之、
마 나 서 인 미 축 지

迦南人執意居其地、
가 남 인 집 의 거 기 지

삿 1:28

迨以色列族强盛、
태 이 색 열 족 강 성

使迦南人服役、
사 가 남 인 복 역

不盡逐之、○
불 진 축 지

삿 1:29

居基色之迦南人、
거 기 색 지 가 남 인

以法蓮人未逐之、
이 법 련 인 미 축 지

仍居基色、
잉 거 기 색

在以法蓮人中、○
재 이 법 련 인 중

삿 1:30

基倫拿哈拉之居民、
기 륜 나 합 랍 지 거 민

西布倫人未逐之、
서 포 륜 인 미 축 지

仍居西布倫人中、
잉 거 서 포 륜 인 중

而服其役、○
이 복 기 역

삿 1:31

亞柯、
아 가

西頓、
서 돈

亞黑拉、
아흘랍

亞革悉、
아혁십

黑巴、
흘파

亞弗革、
아블혁

利合之居民、
리합지거민

亞設人未逐之、
아설인미축지

삿 1:32
居於土著迦南人中、
거어토저가남인중

蓋不逐之、○
개불축지

삿 1:33
伯示麥伯亞納
백시맥백아납

之居民、
지거민

拿弗他利人未逐之、
나블타리인미축지

居於土著迦南人中、
거 어 토 저 가 남 인 중

二邑居民、
이 읍 거 민

乃服其役、○
내 복 기 역

삿 1:34

但人爲亞摩利
단 인 위 아 마 리

人所逼、
인 소 핍

使居山地、
사 거 산 지

不許下至平原、
불 허 하 지 평 원

삿 1:35

亞摩利人執意
아 마 리 인 집 의

居希烈山、
거 희 렬 산

亞雅倫、
아 아 륜

沙賓、
사 빈

厥後約瑟家勝之、
궐 후 약 슬 가 승 지

使之服役、
사 지 복 역

삿 1:36

亞摩利人之界、
아 마 리 인 지 계

自亞克拉濱阪、
자 아 극 랍 빈 판

由西拉而上、
유 서 랍 이 상

士師記 第二章
사 사 기 제 이 장

삿 2:1

耶和華之使者自
야 화 화 지 사 자 자

吉甲上至波金、
길 갑 상 지 파 금

曰、
왈

我使爾出埃及、
아 사 이 출 애 급

攜至所誓爾祖之地、
휴 지 소 서 이 조 지 지

曾言與爾之約、
증 언 여 이 지 약

永久不廢、
영 구 불 폐

삿 2:2

勿與斯土
물 여 사 토

之民立約、
지 민 립 약

必毁其壇、
필 훼 기 단

而爾不聽我言、
이 이 불 청 아 언

果何爲哉、
과 하 위 재

삿 2:3

故我又曰、
고 아 우 왈

必不逐斯民於爾前、
필 불 축 사 민 어 이 전

彼將爲爾脅下之棘、
피 장 위 이 협 하 지 극

其神將爲爾擭、
기 신 장 위 이 획

삿 2:4

耶和華之使者向
야 화 화 지 사 자 향

以色列衆言此、
이 색 열 중 언 차

民遂大聲號哭、
민 수 대 성 호 곡

삿 2:5

名其地曰波金、
명 기 지 왈 파 금

在彼獻祭於
재 피 헌 제 어

耶和華、○
야 화 화

삿 2:6

昔約書亞遣民、
석 약 서 아 견 민

以色列人各歸其業、
이 색 열 인 각 귀 기 업

據有斯土、
거 유 사 토

삿 2:7

約書亞存日、
약 서 아 존 일

以色列人奉事
이 색 열 인 봉 사

耶和華、
야 화 화

約書亞卒後、
약 서 아 졸 후

長老尚在時、
장 로 상 재 시

亦然、
역 연

以斯長老見耶和華
이 사 장 로 견 야 화 화

爲以色列人所行
위 이 색 열 인 소 행

大事也、
대 사 야

삿 2:8

耶和華僕、
야 화 화 복

嫩之子約書亞卒、
눈 지 자 약 서 아 졸

年百有十歲、
년 백 유 십 세

삿 2:9

葬於其業之界、
장 어 기 업 지 계

卽亭拿希列、
즉 정 나 희 열

在以法蓮山地、
재 이 법 련 산 지

迦實岡北、
가 실 강 북

삿2:10

斯代之人、
사 대 지 인

咸歸其祖、
함 귀 기 조

又興一代、
우 흥 일 대

不知耶和華、
불 지 야 화 화

及其爲以色列
급 기 위 이 색 열

人所行之事、○
인 소 행 지 사

삿2:11

以色列人行
이 색 열 인 행

耶和華所惡、
야 화 화 소 악

崇事巴力、
숭사파력

삿2:12
違棄耶和華、
위기야화화
其祖之祆上帝、
기조지천상제
卽導之出埃及者、
즉도지출애급자
而從四周諸族之神、
이종사주제족지신
向之跪拜、
향지궤배
激耶和華怒、
격야화화노

삿2:13
違棄耶和華、
위기야화화
而崇事巴力、
이숭사파력
曁亞斯他錄、
기아사타록

삿2:14
耶和華怒以色列族、
야화화노이색열족

付於虜者之手、
부 어 로 자 지 수

鬻於四周之敵、
죽 어 사 주 지 적

使不能禦之、
사 불 능 어 지

삿2:15

無論何往、
무 론 하 왕

耶和華以災禍擊之、
야 화 화 이 재 화 격 지

如其誓言、
여 기 서 언

民極困苦、
민 극 곤 고

삿2:16

耶和華興起士師、
야 화 화 흥 기 사 사

拯民於虜者之手、
증 민 어 로 자 지 수

삿2:17

乃民不聽士師、
내 민 불 청 사 사

徇欲而從他神、
순 욕 이 종 타 신

向之跪拜、
향 지 궤 배

速違厥祖所行之道、
속 위 궐 조 소 행 지 도

不效其從耶和華
불 효 기 종 야 화 화

之命、
지 명

삿2:18

耶和華旣爲
야 화 화 기 위

興起士師、
흥 기 사 사

則偕之拯民於敵手、
칙 해 지 증 민 어 적 수

至終其世、
지 종 기 세

蓋耶和華見民受
개 야 화 화 견 민 수

人虐迫而哀歎、
인 학 박 이 애 탄

乃回其意、
내 회 기 의

삿2:19

迨士師沒後、
태 사 사 몰 후
民仍轉而行惡、
민 잉 전 이 행 악
較甚於祖、
교 심 어 조
從事他神、
종 사 타 신
而跪拜之、
이 궤 배 지
不改其行、
불 개 기 행
與其頑梗、
여 기 완 경

삿 2:20
耶和華怒以色列
야 화 화 노 이 색 열
人曰、
인 왈
斯民乃背我命
사 민 내 배 아 명
其祖所守之約、
기 조 소 수 지 약
不聽我言、
불 청 아 언

삿2:21

故約書亞卒時
고 약 서 아 졸 시

所遺諸族、
소 유 제 족

我必不復逐之、
아 필 불 복 축 지

삿2:22

以試以色列族效其
이 시 이 색 열 족 효 기

列祖、
열 조

遵行耶和華之道否、
준 행 야 화 화 지 도 부

삿2:23

耶和華遂留此諸族、
야 화 화 수 류 차 제 족

不速逐之、
불 속 축 지

亦不付於約書亞手、
역 불 부 어 약 서 아 수

終

板 權 誌

❀ 聖 經 筆 寫 (第三券 ㊤)

❀ 초판 1 쇄 2017년 08 월 21 일

❀ 聖經筆寫協會 : 編纂委員

❀ 著 : 柳 賢 授

❀ 펴낸이 : 도서출판 保 惠

❀ 출판 등록 제2014-000001 호 (2014.01.03.)

❀ 주소 : 천안시 서북구 하리1길 39

❀ 전화 : 010-2239-0675

❀ ISBN : 979-11-87802-21-1

셋트 ISBN: 979-11-87802-07-5 (전2권)